René Laurentin

Catarina Labouré

*Mensageira de
Nossa Senhora das Graças
e da Medalha Milagrosa*

Paulinas

Dados Internacionais de Catalogação na Publicação (CIP)
(Câmara Brasileira do Livro, SP, Brasil)

Laurentin, René
 Catarina Labouré : mensageira de Nossa Senhora das Graças e da Medalha Milagrosa / René Laurentin ; [tradução Marcelo Dias Almada]. São Paulo : Paulinas, 2009. – (Coleção testemunhos de santidade)

Título original: Petite vie de Catherine Labouré : voyante de la rue du Bac et servante des pauvres.

ISBN 978-2-220-05491-9 (ed. original)
ISBN 978-85-356-2554-7

1. Labouré, Catherine, santa, 1806-1876 2. Santos cristãos - França - Biografia I. Título. II. Série.

09-11765   CDD-922.22

Índice para catálogo sistemático:
1. Santos : Igreja Católica : Biografia   922.22

1ª edição — 2009
5ª reimpressão — 2024

Título original da obra: *Petite vie de Catherine Labouré*
© Éditions Desclée de Brouwer, 1991 - Nouvelle édition, 2004.

Direção-geral: *Flávia Reginatto*
Editora responsável: *Luzia M. de Oliveira Sena*
Assistente de edição: *Andréia Schweitzer*
Tradução: *Marcelo Dias Almada*
Copidesque: *Amália Ursi*
Coordenação de revisão: *Marina Mendonça*
Revisão: *Leonilda Menossi*
Direção de arte: *Irma Cipriani*
Gerente de produção: *Felício Calegaro Neto*
Capa: *Manuel Rebelato Miramontes*
Diagramação: *Caio D'Agostini*

Nenhuma parte desta obra poderá ser reproduzida ou transmitida por qualquer forma e/ou quaisquer meios (eletrônico ou mecânico, incluindo fotocópia e gravação) ou arquivada em qualquer sistema ou banco de dados sem permissão escrita da Editora. Direitos reservados.

Cadastre-se e receba nossas informações
www.paulinas.com.br
Telemarketing e SAC: 0800-7010081

Paulinas
Rua Dona Inácia Uchoa, 62
04110-020 – São Paulo – SP (Brasil)
📞 (11) 2125-3500
✉ editora@paulinas.com.br

© Pia Sociedade Filhas de São Paulo – São Paulo, 2009

A INFÂNCIA DE UMA ÓRFÃ
(1806-1818)

Em 9 de outubro de 1815, o imperador Napoleão I está a caminho de Santa Helena... A Restauração se sobrepõe aos sonhos sufocados de uma revolução e de um império efêmero.

Em Fain-lès-Mouniers, vilarejo da Borgonha de apenas duzentos habitantes, uma menina chora. Ela se chama Catarina Labouré, mas atende pelo nome de Zoé, que lhe foi dado no dia do Batismo, em 1806. Zoé significa "vida". E ei-la diante da morte.

Não é a única a chorar. É a oitava dos dez filhos que acabam de perder a mãe: Madeleine Gontard, de 46 anos, proprietária de uma fazenda. A morte foi súbita. Os camponeses desfilam para apresentar condolências ao marido, Pierre Labouré, que, até o mês anterior, havia sido o prefeito. Lastima-se a sorte dos filhos mais jovens: Catarina-Zoé, 9 anos, Tonine, 7 anos, e Auguste, 5 anos, deficiente físico devido a um acidente.

Nessa noite, as portas não serão trancadas. As pessoas se revezarão nas preces ao redor do leito em que repousa o rosto de marfim.

O que fazer com todos esses pequenos? O pai improvisa soluções provisórias com sua paciência de camponês.

As duas filhas menores, Catarina e Tonine, irão para a casa de tia Marguerite, irmã do pai, casada com o vinagreiro Antoine Jeanrot, em Saint-Rémy (a 9 quilômetros de Fain).

A responsabilidade maior recai sobre Marie-Louise, de 20 anos, a filha mais velha, que assumirá os cuidados da casa e do campo. Em função disso, ela deixa o internato em Langres, onde teria a oportunidade de estudar.

Madeleine Gontard, mãe de Catarina.

O exílio (1815-1818)

Naquela noite, Catarina e Tonine, de mãos dadas, deixavam a casa paterna por caminhos cujas grandes árvores já começavam a ganhar tons de ouro e púrpura. Catarina sentia-se duplamente órfã, pois a morte da mãe a afastava também de seu pai, e essa separação era-lhe dolorosa.

Quanto ao vazio deixado pela perda, Catarina encontrara por si mesma uma solução. Naquela manhã, no quarto da falecida, ela subira no móvel em que havia uma imagem de Nossa Senhora e pedira que ela substituísse a mãe. A criada, a quem nada escapava, a tinha visto, e foi quem mais tarde contou o fato a Tonine.

Essas lágrimas foram as primeiras e as últimas. Catarina já se fortalecera. A nova Mãe escolhida lhe ensinara não a se lamentar, mas a tomar a vida nas mãos.

O retorno (janeiro de 1818)

Havia um odor de vinagre na casa em que Catarina ajudava tia Jeanrot, sobrecarregada com seu comércio. Assim ela aprendeu a cuidar dos serviços domésticos, o que lhe seria útil.

Dois anos depois, o pai, que a contragosto decidira a separação, sentiu falta de Catarina, a preferida entre as três filhas, e a chamou de volta para a fazenda.

Para ela foi uma festa completa, pois também voltava para fazer a primeira comunhão, marcada para 25 de janeiro de 1818. Um grande fervor se acendeu em Catarina, um alegre arrebatamento por Deus, que lhe proporcionava então a alegria humana de reencontrar o lar. Ela demonstrava gosto pelo trabalho e pela iniciativa.

Para Marie-Louise, a irmã mais velha, era essa uma grande solução. Quando da morte da mãe, ela se preparava para ingressar na congregação das Filhas da Caridade, em Langres, cidade onde crescera. Testemunha de sua contrariedade, Catarina-Zoé, então com 12 anos, não hesitou, olhou com alegria a irmã mais nova, Tonine, de nove anos e meio, corajosa como ela, e disse: "Cuidaremos da casa nós duas!".

Sentia-se madura para assumir o fardo que fizera a mãe curvar-se: novilhos, vacas, porcos, criação de aves, além dos setecentos pombos do magnífico pombal.

Marie-Louise, mais frágil, deixava a casa em boas mãos.

A VOCAÇÃO DE UMA "FAZENDEIRA"

Eis Catarina transformada em fazendeira, administradora da casa, colaboradora do pai. A fazenda formava um belo quadrilátero de construções com telhas vermelho-acinzentadas, quase fechada como um claustro. A casa abria-se para a rua por meio de um grande pórtico, que culminava, a dez metros de altura, com o famoso pombal, enorme, assinalando os Labouré como "uma das mais importantes famílias da região". Aos 12 anos, Catarina tornava-se a rainha dessa grande propriedade, fortificada como um bastião: uma rainha laboriosa que comandava seus servidores e a criada.

Seu reino era esse espaço fechado, o estábulo, o jardim e principalmente a sala da casa. Seu pai aí reinava ao retornar dos campos. Suas palavras eram raras, mas decisivas. Asseguraram a Catarina a autoridade sobre esse espaço, ao mesmo tempo cozinha e sala de estar. A rainha era submissa ao rei e calava-se quando ele estava presente. Seus domínios incluíam também os fogões, o pomar, o estábulo, o galinheiro e o pombal com 1.121 compartimentos. Catarina amava essa população sussurrante e arrulhante, que ao seu redor batia as asas a fim de colher em pleno voo os grãos que ela generosamente lançava. A descrição dessa cena, feita por aqueles que a testemunharam, fixou retrospectivamente uma imagem em forma de coroa ou auréola em torno da jovem.

O pombal de Catarina: 1.121 compartimentos.

O cotidiano de Catarina

Era uma vida rude, e Catarina, a primeira da casa a se levantar: às 4 horas, no verão. O dia nunca era suficientemente longo para todo o trabalho. Diariamente era preciso recomeçar e vencer o cansaço.

Sua grande tarefa era preparar as três refeições: o "desjejum", de manhã, assim chamado por quebrar o jejum noturno, quando se servia uma sopa e distribuíam-se alimentos leves para os trabalhadores levarem aos campos; o almoço, ao meio-dia, era pesada incumbência no verão, quando devia ser levado aos camponeses; o jantar exigia mais da cozinha, mas servia-se sempre a mesma coisa: paneladas de legumes com toucinho. O dia todo era o vaivém ao poço, felizmente não muito distante.

Durante as longas noites de inverno, havia mais tranquilidade, faziam-se vigílias, trabalhos manuais. Aconteciam ora numa, ora noutra casa, à luz de velas, diante da lareira; muitas vezes na própria casa dos Labouré, que tinham uma sala grande e um fogão. Era lá que se refugiavam quando o frio congelava tudo. Ali havia calor, um calor denso, contido pelas paredes de tijolos vermelhos.

Uma vez por semana, Catarina assava pão num grande forno e levava, às quintas-feiras, ao mercado em Montbard (a 15 quilômetros de distância): esta era a fonte de renda da fazendeira, para as compras de que estava encarregada... afora a pequena lavagem de roupas.

O ano em Fain

A grande lavagem de roupa era algo bem diferente: duas ou três vezes por ano, lavavam-se as roupas que, devido ao pouco uso, à rotatividade lenta, passavam de uma geração a outra. Os vizinhos vinham então cooperar, e era uma grande festa em torno do enorme tacho de água fervente, com cinza bem preparada para remover as manchas.

Anualmente, no começo do inverno, matava-se um porco, o que era uma outra festa. Engordava-se o animal até cerca de 150 quilos, gerando uma abundância de morcelas, grelhados e guisados, pois era preciso consumir logo ou oferecer aos outros rapidamente o perecível.

Nesse dia não se comia o que era mais importante: o presunto e o toucinho eram imediatamente salgados e forneceriam a carne para o resto do ano. A carne fresca era uma raridade.

A cada ano, Catarina cumpria melhor o ciclo litúrgico, do Advento à Páscoa, depois a interminável série de domingos verdes após Pentecostes.

Naquela época, a Igreja, enfraquecida, mal se recuperava da Revolução, mas Catarina, segura e irresistivelmente reencontrava o abundante rio da prece – assim como tantos outros: Jeanne Jugan, Jeanne Antide Thouret, Mãe Javouhey, Madeleine Sophie Barat e João Maria Vianney, o futuro cura d'Ars.

Apesar das tarefas intermináveis, da luta contra o atraso, ia rezar na igreja, cujo tabernáculo estava vazio, já que ali não havia padre. Ficava sozinha na igreja úmida, pois, diziam as vizinhas: "As preces atrasam o trabalho".

Dizia-se que a umidade do local foi a causa de sua artrose... e também da sua santidade. Ela rezava em meio a certo vazio do ambiente, vazio que ela saberia expressar, embora iletrada, em estilo vigoroso, em carta de 15 de setembro de 1844, escrita para a irmã Marie-Louise:

> Grande religião que há por aqui! Uma missa no domingo, e ainda é preciso que o pároco da região vizinha venha rezá-la. As vésperas são cantadas pelo mestre da escola, sem bênção, portanto. Para confessar-se, é preciso ir à busca. Veja só como está assegurado o pouco de religião que temos.

Os padres eram então mais raros, e maior o vazio. Para a missa de domingo, Catarina precisava ir a Moutiers, pois o pároco pouco vinha a Fain... a não ser para a celebração de Finados, em 2 de novembro. Para Catarina isso não bastava. Às vezes ia a Moutiers no meio da semana, caminhando uma boa légua, tanto na ida quanto na volta.

"Como eram piedosas as senhoritas Labouré, Catarina e Tonine!", observou uma senhora de 88 anos, contemporânea. "Elas não saíam para se divertir como as outras jovens."

Aos 14 anos, Catarina começou a jejuar às sextas-feiras e aos sábados, ao longo do ano todo. Tonine ficou apreensiva. Temia que a irmã esmorecesse no trabalho. Tentou dissuadi-la, em vão. Ameaçou advertir o pai. Catarina não se deixou impressionar: "Pois conte a papai!".

Tonine aceitou o desafio e, dessa vez, o pai deu razão à caçula. Mas Catarina já tinha tomado sua decisão. Respeitava o pai em tudo aquilo que tinha a ver com a ordem da casa, mas aquele jejum era uma questão entre ela e Deus. Do jejum ela extraía forças, e isso não dizia respeito a mais ninguém. E continuou a jejuar, sem rancor algum por Tonine.

Em 1896, uma octogenária de Cormarin, onde Catarina ia à festa anualmente, dela nos deixou o seguinte retrato: "Não era bonita, mas sempre gentil e boa, sempre amável e doce com as companheiras, até mesmo com aquelas que a provocavam. E caso visse que ficavam irritadas entre si, procurava a paz. Caso algum pobre se apresentasse, ela lhe dava as guloseimas que podia. [...] Na missa patronal, Catarina rezava como um anjo [...], não virava a cabeça nem para a direita nem para a esquerda".

Vocação

Catarina sonhava fazer um dia o que Marie-Louise fizera. Era um segredo entre ela e Deus e que só compartilhara com Tonine.

Eis que certa noite esse apelo tomou a forma de um sonho: Catarina encontrava-se na igreja de Fain, em seu lugar de costume, na capela dos Labouré. Rezava. A certa altura, apareceu um velho padre. Ele vestia os paramentos sacerdotais e celebrava a missa no altar branco de moldura dourada. O que a impressionava era seu olhar, quando ele se voltava para dizer o *Dominus vobiscum*. Quando do *Ite missa est*, ele lhe fez sinal para que se aproximasse. O medo tomou conta de Catarina. Ela se afastou, mas de costas, fascinada. Não conseguia desprender-se daquele olhar, do qual se lembraria para o resto da vida. Ao sair da igreja, foi visitar uma doente (sempre em sonho); o velho padre lá a reencontrou e disse: "Minha filha, é bom cuidar dos doentes. Foges de mim agora, mas um dia ficarás feliz em me procurar. Deus tem seus desígnios para ti. Não te esqueças".

Quem era esse padre misterioso? Ela não sabia, não compreendeu o que ele lhe disse, mas sentiu que aquilo tinha um sentido. Seu reino – a sala da casa da fazenda – tornou-se um lugar provisório, senão um exílio.

Catarina passou a trabalhar com eficiência ainda maior, mas era como se não fizesse esforço. Sua vida real dominava o cotidiano que ela já abandonara em espírito.

Mas para um dia fazer parte da congregação das Filhas da Caridade era preciso ao menos saber ler e escrever. A morte prematura da mãe, depois o trabalho na casa da tia não permitiram que ela aprendesse a ler. Com os recursos de seu pequeno orçamento, ela então pagou 30 francos-ouro (todas as suas economias) a uma pessoa que lhe garantiu que a ensinaria a assinar o nome. E ela logo deixaria a prova disso no registro de batismos.

A primeira estada em Châtillon (1824-1826)

Catarina tinha 18 anos quando Antoinette Gontard, uma prima-irmã por parte de mãe, se propôs a levá-la a Châtillon e instruí-la de verdade. Lá, Catarina se instalou num internato famoso. Tonine, com 16 anos, já em condições de assumir a casa, deu-lhe todo o apoio. O pai, muito reticente, envergonhado com sua negligência, não ousou recusar à filha oportunidade tão boa para se instruir.

Em Châtillon, era uma felicidade ter a missa tão perto: numa igreja com o santo sacramento e um padre à disposição: o Abade Gaillac, pároco decano, um octogenário (1743-1828). Era fácil se confessar.

Certo dia, Catarina foi ver as religiosas, na rua de La Juiverie, e eis que no vestíbulo deparou-se com um retrato. Não seria o padre que ela vira em sonho? Quem seria ele? "Nosso pai, São Vicente de Paulo", informaram as irmãs.

A decisão de Catarina já estava tomada. Mas o que fazer? A entrada no postulado exigiria o consentimento do pai, o que estava fora de questão. Esperar? A pressa de Catarina era grande, e a maioridade demoraria ainda; parecia uma eternidade diante da força de seu desejo.

Além do mais, Catarina estava pouco à vontade na casa da prima. Aos 18 anos, estava no nível escolar das crianças, e seus modos de camponesa destoavam daqueles das moças da sociedade. Elas a convidavam amavelmente a imitar suas boas maneiras, mas vestidos e fitas não atraíam de modo algum Catarina, e a condescendência das companheiras feria seu amor-próprio.

De volta a Fain, Catarina assinou com mão firme no Batismo de sua afilhada, em 16 de janeiro de 1826. Nesse dia, usou pela primeira vez o vestido de seda violeta que faria parte de seu enxoval. O pai o mandara fazer para ela, pois Catarina já estava em idade de se casar. Algum amor súbito haveria de resolver tudo.

Mas eis que, em 2 de maio de 1827, ela completava 21 anos. E dessa vez declarou ao pai sua firme decisão. Ele a rejeitou com veemência. Não reconhecia a maioridade. Já entregara uma filha a Deus: Marie-Louise. Sempre dissera que não entregaria duas.

Além de tudo, Catarina era útil, alegre, gostava das festas das aldeias vizinhas: Senailly, Cormarin. A certa altura, seria pedida em casamento. Acabaria por se envolver com um bom moço ou um bom partido! E ele apareceu. Mas, infelizmente para Pierre Labouré, Catarina sabia o que queria... o que Deus queria dela.

O exílio em Paris (1828-1829)

Na primavera de 1828, o pai mudou de tática de persuasão. Charles, seu quinto filho, havia estabelecido em Paris, na rua de l'Échiquier, um comércio de vinhos e rolhas. Também sua mulher ali tinha um restaurante para operários. Mas eis que ela veio a morrer dois anos depois do casamento. Em 21 de fevereiro de 1828, Charles pediu ajuda. Pois bem, Catarina foi ajudá-lo. A capital despertava as moças, e o restaurante a tornaria cortejada.

Catarina atendente em restaurante para operários.

Para ela, foi sofrimento após sofrimento: depois de desaprovada sua vocação, veio a separação do pai, com quem tinha fortes laços. O irmão tentou arranjar-lhe casamento. Os 22 anos de Catarina não eram sem atrativos para os clientes, mas ela era avessa a esses apelos e de uma firmeza pouco comum ao descartá-los.

A certa altura, o irmão encontrou consolo. Iria se casar novamente em 3 de fevereiro de 1829. Duas mulheres na casa seria demais! Assim, Catarina aproveitou a oportunidade para voltar a Châtillon, para a casa da prima, que se tornara cunhada devido ao casamento com o mais velho dos irmãos Labouré, Hubert, subtenente da guarda, depois de ter sido guarda-costas de Carlos X em Paris, em 1824.

Catarina escreveu a Marie-Louise a fim de consultá-la, e em resposta recebeu uma carta transbordante de felicidade e ardor:

> O que significa ser Filha da Caridade? Significa entregar-se a Deus sem reservas, para, entre os pobres, servir àqueles que sofrem. [...] Se, neste momento, alguém tivesse poder suficiente para me oferecer não um reino, mas todo o universo, eu veria isso como um grão de poeira em meu sapato, e estaria bem convencida de que não encontraria nessa posse a felicidade e o contentamento que sinto em minha vocação.

Ela estava certa de que essa carta lhe seria muito útil, quando circunstâncias dramáticas a fizessem deixar as Filhas da Caridade...

Marie-Louise aconselhava Catarina a primeiramente aperfeiçoar sua instrução. Mas não tardou que seu irmão Hubert e a cunhada se colocassem como advogados do pai, pouco satisfeito com a situação difícil em que se instalara a contragosto.

Catarina corajosamente retomou seu lugar no internato, cujo ambiente lhe era estranho. Mas Irmã Victoire, com quem se abrira, intercedeu por ela junto à superiora, para que o ingresso da Catarina fosse apressado: "Receba-a!", disse ela à superiora, Irmã Cany. "Ela é toda candura e piedade. Não está em seu lugar entre aquelas intelectuais. É uma boa moça de aldeia, como São Vicente aprecia".

O *postulado*

No começo de janeiro de 1830, Irmã Cany enviou parecer favorável à casa-mãe, e, em 14 de janeiro, o conselho a aceitou nos seguintes termos:

> Irmã Cany propõe a senhorita Labouré, irmã daquela que é superiora em Castelsarrasin. Ela tem 24 anos e convém à nossa organização: bem devota, de bom caráter, temperamento forte, tem amor pelo trabalho e é bem alegre. Comunga regularmente a cada oito dias. Sua família é íntegra quanto aos costumes e à probidade, mas de pouca fortuna. Instamos que seja acolhida.

A resposta de Paris chegou em 22 de janeiro. Catarina despediu-se alegremente das pensionistas, amáveis mas demasiado refinadas, e atravessou com alegria as grades da rua de la Juiverie. Irmã Séjole rejubilou-se em instruí-la nas preces e na vida comunitária.

Também a iniciou na preparação da "marmita dos doentes pobres": uma quantidade enorme de cozido preparado aos domingos e quintas-feiras num caldeirão fumegante, do qual se aproximavam os pobres com um recipiente qualquer a fim de levar a sopa aos doentes.

Catarina estava satisfeita com o longo tempo de preces prescrito pelo regulamento. Todos os dias, às 3 horas em ponto, na hora em que Jesus deu o último suspiro, ela recitava a seguinte prece: "Eu vos adoro, meu Jesus Cristo Salvador, que por amor padeceu na cruz. [...] É a morte de um Deus, é o próprio Deus que vos ofereço" (Misermont, *Vie*, pp. 50-61).

A *partida*

Em meados de abril, terminou o período probatório do postulado, e Catarina saiu-se bem.

Chegava a hora de preparar o enxoval. Colocaram-no em um baú:

- 4 pares de lençóis seminovos;
- 12 toalhas seminovas;
- tecido para camisas e 11 [camisas] feitas etc., sem esquecer os 5 vestidos de Catarina: 4 de chita e 1 de seda violeta, que o pai lhe mandara fazer e que acabará na oficina de lavores dos pobres.

Catarina também levava o dote oferecido por Hubert e a cunhada: 693 francos. Lá estavam eles na parada para carruagens, de onde o pesado veículo deixou a cidade pela "porta de Paris", em forma de arco do triunfo, seguindo por 300 quilômetros de estrada, um longo percurso de vários dias por campos floridos e verdejantes, em meio à luminosidade e ao florescer do período de Páscoa.

O misterioso ancião do sonho de Catarina: São Vicente de Paulo.

A IDA PARA O NOVICIADO (21 DE ABRIL DE 1830 - 30 DE JANEIRO DE 1831)

A chegada

Numa quarta-feira, 21 de abril de 1830, os cascos dos cavalos percutiam contra os pavimentos de Paris, seguidos do ruído das rodas guarnecidas de ferro.

Paris sem restaurante

Catarina reencontrava a capital, não mais para o trabalho tenso, a contragosto, do restaurante operário, mas para conhecer a casa de Vicente de Paulo. Os obstáculos haviam sido vencidos. O pai se conformara, e ela saboreava a vitória prometida para a fé que remove montanhas.

"A formação será difícil!", disseram-lhe. Mas estava disposta a tudo. Nada lhe pesava.

As rodas ressoaram sob o pórtico do número 132 da rua du Bac e, em seguida, sob um segundo pórtico. Ali Catarina descobriu o Hôtel de Chatilly, construído para o prestígio ostensivo da família de Lavallière. As janelas eram de uma altura desmedida.

A escada dupla de pedra com suntuosa balaustrada de ferro forjado (de onde o Papa João Paulo II falaria um século e meio depois... por causa de Catarina) exibia uma suntuosidade bem estranha ao noviciado. Mas as noviças ocupavam a mansarda logo abaixo do telhado, um espaço sem comodidades; cento e doze a formar um amontoado caloroso.

Um traje sem importância

Catarina trocou seu traje de camponesa – touca e saia dupla – pela touca e lenço das irmãs do noviciado. O traje ali não tinha importância. Vicente de Paulo dera às Filhas da Caridade o traje que todo mundo usava. A grande touca em forma de asas das professas foi uma iniciativa posterior das irmãs. Em Paris, Catarina podia até estranhar as diferenças que não existiam em Châtillon: cor e qualidade de tecido variavam de uma irmã a outra, assim como as meias e os sapatos, às vezes até mesmo a lã de castor e os aventais de merino, guarnecidos de fitas, diferençavam as moças da sociedade daquelas do povo. Isso resultava de uma situação contra a qual se lutava inutilmente naqueles tempos de Restauração. Mas isso tudo era indiferente para Catarina.

Para a jovem camponesa, que antes precisava extrair de uma vida apressada e sem lazeres o tempo dedicado às orações, iniciou-se um período de festa para o espírito e o coração, pois ali Deus vinha em primeiro lugar. "Meus pés não tocavam mais o chão", escreveu Catarina.

A transferência das relíquias de São Vicente

Eis que uma grande cerimônia parisiense em homenagem a São Vicente veio ao encontro da esperança. Naquele primeiro domingo, as relíquias (escondidas durante a Revolução) seriam solenemente transferidas de Notre-Dame a Saint-Lazare.

As irmãs faziam parte do enorme cortejo que precedia o pesado relicário de prata, com mais de dois metros de comprimento, que Odiot executara por uma soma de 40 mil francos-ouro.

O arcebispo lá estava, rodeado de doze bispos. Um pelotão de guardas encerrava a marcha.

Catarina desfilava entre as cento e doze toucas brancas das noviças para homenagear o homem daquele seu sonho e de sua vocação. Rezava serenamente, enquanto a multidão aumentava ao redor, "ávida por ver os restos tão preciosos do padre santo que enchera essa grande cidade de monumentos e instituições da sua caridade para o alívio do infortúnio" (ata oficial).

Não era mais um sonho, mas São Vicente fazia seu coração voar nas asas de um desejo exigente: "Eu lhe pedia todas as graças que me eram necessárias, e também pelas duas famílias, e toda a França. Parecia-me que precisavam muito disso".

Catarina sonhava com as ameaças revolucionárias latentes, mas principalmente com o elã espiritual que naquele início de século encontrava dificuldade para reencontrar seu vigor.

As aparições (abril-dezembro de 1830)

O coração de São Vicente (25 de abril-2 de maio de 1830)

Foi nas asas desse desejo que se deu o acontecimento.

"Sempre que eu voltava a Saint-Lazare para visitar o famoso relicário, parecia que eu reencontrava São Vicente, ou pelo menos seu coração. Ele me aparecia todas as vezes que eu retornava a Saint-Lazare [na capela da rua du Bac] acima do relicário onde estavam expostas as pequenas relíquias de São Vicente."

Esse pequeno relicário era um cofre envidraçado de metal, colocado à esquerda do altar-mor. O coração aparecia acima:

Ele apareceu para mim
três vezes distintas,
três dias seguidos:
branco cor de carne, anunciando a paz,
a calma, a inocência e a união.
Depois, eu o vi em vermelho cor de fogo:
que deve iluminar a caridade nos corações.
Parecia-me que toda a comunidade
devia se renovar
e se expandir até os extremos do mundo.
Depois o vi em vermelho escuro:
o que trouxe tristeza a meu coração.
Isso vinha das tristezas
que eu achava difícil superar;
eu não sabia como nem por que
essa tristeza tinha a ver com a mudança de governo.

Esse é o relato autográfico de Catarina, redigido vinte e seis anos depois: três visões cujas cores significavam para ela a inocência, o amor e a provação.

Segundo Padre Étienne, que erroneamente datou o acontecimento, ela teria recebido interiormente em agosto as seguintes mensagens.

Para a visão sombria: "O coração de São Vicente está profundamente aflito com a visão dos males que vão se abater sobre a França".

Para a visão vermelha: "São Vicente está um pouco consolado, pois conseguiu, por intercessão da Virgem Santíssima, que em meio a esses grandes males suas duas famílias não perecessem".

Essas mensagens, porém, parecem ter-lhe sido transmitidas depois, quando da aparição de Nossa Senhora, na noite de 18 para 19 de julho, na festa de São Vicente; daí a confusão do confessor entre essa festa e a transferência das relíquias, ocorrida logo após essas visões.

Não foi o ancião do sonho que Catarina reviu, mas um sinal pleno de sentido e de exigência, o que ela percebeu bem: "Parecia que eu estava revendo São Vicente, ou pelo menos seu coração".

E não era o coração de carne, relíquia conservada em Lyon, de que Catarina nada sabia; era um símbolo dos desejos e desígnios de São Vicente que ela, do fundo da alma, compartilhava.

As cores não eram de modo algum fantasia pictórica. Eram uma mensagem que Catarina captara com intensidade.

A visão cor de carne indicava menos um colorido do que uma dimensão da Encarnação: essa cor é o branco, cor da pele, não do sangue. Significa "a paz, a calma, a inocência, a união", que deixavam ainda a desejar nas famílias religiosas de São Vicente.

O vermelho-fogo da segunda visão significava um ardor interno, vindo do próprio Deus, que Abraão, Moisés e Pascal sentiram sob esse símbolo misterioso. O fogo que emanava do coração de São Vicente "deve acender a caridade nos corações, expandir toda a comunidade até os extremos do mundo", escreveu Catarina.

Quanto à terceira visão, que tendia para o negro, seria ela a nova e ameaçadora Revolução? Sendo uma camponesa do velho povo da França, Catarina, assim como a Violaine de Paul Claudel, inseria-se na ordem estabelecida e atribuía ao governo do rei um caráter sagrado. Entrevia na queda desse governo um presságio sinistro: a corrupção do velho mundo religioso, ao qual ela pertencia com todas as fibras do seu ser, além do que era ela filha de um pai que vivera os primeiros tempos da Revolução.

Ei-la então portadora de uma mensagem que a ultrapassava, mas devia permanecer secreta. Quando da confissão semanal, em 1º de maio, um sábado, tentou ela confiar essas luzes a Padre Aladel através da grade, mas não encontrou eco. A silhueta negra que ela vislumbrava na escuridão somente lhe retornou temor e recusa.

"Mais uma jovem camponesa que inventa histórias!", pensou o confessor.

Ele a convidou à calma e ao esquecimento: "Não dê ouvidos a essas tentações. Uma Filha da Caridade existe para servir aos pobres, não para sonhar!".

Quanto a servir, Catarina concordava com o que ouvira, mas estranhava a dissuasão, pois a visão multiplicava-lhe as forças para servir e amar. Como então contrapor uma coisa a outra? Sem amargura, acolheu a instrução recebida. "Meu confessor me tranquilizou ao máximo, desviando-me desses pensamentos."

Era, porém, difícil ignorar as evidências loquazes e estimulantes.

Nosso Senhor na Eucaristia

Mas eis que outro fato aconteceu... De repente, na missa, a hóstia tornou-se transparente como um véu. Além da aparência do pão, Catarina viu Nosso Senhor. A visão aconteceu antes que ela tivesse tido tempo de "resistir", como lhe propunha seu diretor. Seria aquilo uma ilusão? Catarina empenhou-se nesse exercício crítico... e já não viu nada além da hóstia pura e simples. Mas assim que se entregou ao movimento interior... a verdadeiramente rezar, a hóstia revelou aquele que ela normalmente oculta. E o fenômeno repetiu-se com frequência:

> Eu via [...] Nosso Senhor no santíssimo sacramento [...] o tempo
> todo do meu noviciado, afora as vezes em que duvidei: isto é,
> na vez seguinte não via nada, porque queria aprofundar. [...]
> Eu duvidava desse mistério e julgava me enganar.

Como São Pedro que afundava no mar, em dúvida quanto à inverossímil caminhada sobre as águas.

Em 6 de junho de 1830, dia da Trindade, a visão tornou-se escura, como o coração de São Vicente. Catarina retomou a palavra para expressar a tristeza dessa nova revelação:

> Nosso Senhor me apareceu como um rei, com a cruz no peito
> [sempre], no santíssimo sacramento. Foi durante a santa missa e
> no momento do Evangelho. Pareceu-me que a cruz escorregava
> [de seu peito] para os pés de Nosso Senhor. E pareceu-me que
> Nosso Senhor estava despojado de todos os seus ornamentos.
> Tudo caía ao chão. Foi então que tive os pensamentos mais
> negros, mais sombrios.

Essa visão dos sofrimentos do Cristo por seu Corpo que é a Igreja evocava os mártires da Revolução, e se polarizava sobre o rei de França, então portador de uma unção da qual certos teólogos queriam fazer um oitavo sacramento.

Catarina distinguia sua visão da aplicação que dela fazia ao velho rei, entrevisto, resfolegante, no mês de abril precedente, quando ele fora prestar homenagem a São Vicente: "Eu não saberia explicar mas vieram-me pensamentos segundo os quais o rei da terra ficaria perdido [isto é, seria destronado] e despojado de seus trajes reais".

Catarina tentou confiar seus "pensamentos" a Padre Aladel, novamente em vão.

Se, por um lado, continuava enérgica na execução das tarefas, na lida com os tachos e na varrição dos pátios confiados a seu vigor, por outro, seu pensamento a transportava para além do cotidiano. Isso lhe valeria certa vez (uma só vez) a seguinte interpelação de Irmã Caillot, a terceira diretora:" Irmã Labouré, você está em êxtase!".

Ela não sabia dizer se o que ouvira era propriamente a verdade, pois se tratava de um clichê empregado a todo instante.

Pouco depois, no começo de junho, Catarina recebeu a primeira carta de Marie-Louise, que havia pouco – em 25 de maio apenas! – soubera que a irmã entrara para o noviciado. Marie-Louise estava um pouco apreensiva, mas dava graças a Deus pelo desenlace feliz:

> Tua felicidade na terra será tão perfeita quanto se possa esperar se fores dócil ao ouvir os bons conselhos que não te faltarão. Perdeste, espero, tua vontade própria no caminho de Châtillon a Paris. Eu te felicito. Jamais te queixes disso! A vontade de nossos superiores certamente vale mais que a nossa.

Encarregava Catarina de mandar lembranças a Madre Marthe, uma das luzes do noviciado: "Como gostávamos de nos entreter com suas santas instruções!" (CLM 1, p. 180)

Uma missão para Catarina (18 de julho de 1830)

Na noite de 18 de julho era justamente Madre Marthe quem dava instruções no noviciado. Era a véspera da festa de São Vicente. Ela evocava calorosamente a piedade do fundador pela Virgem Maria, e Catarina embebia-se de suas palavras. Catarina tinha visto São Vicente, tinha visto Nosso Senhor... Não tinha visto a Virgem Santa. E ei-la transportada por um novo elã: "Eu me deitei com a ideia de que nessa mesma noite eu veria minha boa Mãe. Havia muito que desejava vê-la!".

E foi o que aconteceu.

> Finalmente, às onze e meia da noite, ouvi um chamado:
> – Irmã, irmã!
> Despertei e olhei para o lado de onde vinha a voz, do lado do corredor. Abri a cortina. Vi então uma criança vestida de branco, de uns 4 ou 5 anos de idade, que me dizia:
> – Levante-se depressa e vá à capela, a Virgem Santa a espera!
> De imediato, veio-me à mente:
> – Mas ela vai me esperar?
> A criança me respondeu (mentalmente):
> – Fique tranquila, são onze e meia, todos estão dormindo. Venha, estou esperando.
> Vesti-me rapidamente e fiquei do lado da criança, que permanecera em pé, sem se afastar da cabeceira de meu leito. Ela me seguiu, ou melhor, eu a segui, sempre à minha esquerda, e a criança lançava raios de luz por onde passava. As luzes se acendiam em todos os lugares por onde passávamos, o que me espantava muito. Mas fiquei bem mais surpresa quando entrei na capela... a porta se abriu mal a criança a tocou com a ponta do dedo.

Ao ingenuamente contar sua aventura, Catarina estava certa de que repetia a de São Pedro, em Atos dos Apóstolos (12,6-11), quando ele fora solto da prisão: "Durante a noite... o anjo do Senhor o fez levantar-se... A porta se abriu sozinha diante deles... Ele julgava sonhar...".

Ela continua:

> Mas minha surpresa foi ainda maior quando vi todos os círios e archotes acesos, o que me lembrava a missa da meia-noite. No entanto, eu não via a Virgem Santa. A criança me conduziu para dentro santuário, ao lado da poltrona do Senhor Diretor. Lá me pus de joelhos, e a criança permaneceu em pé o tempo todo. Como julgasse haver demora, olhei para verificar se as

vigilantes não passavam pela tribuna. Por fim, chegava a hora, preveniu-me a criança, dizendo:

– Eis a Virgem Santa! Ei-la.

Ouço como que um ruído... uma espécie de farfalhar de vestido de seda, vindo do lado da tribuna, perto do quadro de São José, e se instalou nos degraus do altar, do lado do Evangelho, numa poltrona semelhante à de Sant'Ana.

Só que não era Sant'Ana que estava nessa poltrona, mas a Virgem Maria... Não era o rosto de Sant'Ana... Não tinha certeza de que fosse a Virgem Santa. No entanto, a criança que lá estava me disse:

– Eis a Virgem Santa!

Não me seria possível dizer o que senti nesse momento, o que se passou dentro de mim. Parecia-me não ver a Virgem Santa.

Todo esse começo tinha aparência de sonho; contudo mal se encaixavam num sonho os detalhes realistas de que era composto. Catarina temia a passagem das vigilantes que circulavam à noite pela tribuna lateral. Duvidou da identidade da Virgem. Em pé no coro, observou atentamente a poltrona em que a visitante estava sentada à sua frente, nos degraus do altar. A poltrona era semelhante à do quadro pendurado acima do relicário de São Vicente (aquele em que Sant'Ana ensina a filha, a pequena Virgem Maria).

A criança repetiu: "Eis a Virgem Santa!".

Mas Catarina parecia não ouvir. Permaneceu à distância, perto da poltrona de Padre Richenais, lá colocada para a grande missa de São Vicente.

Foi então que essa criança me falou, não mais como criança, mas como um homem: mais robusto e com as palavras mais fortes. Então, olhando para a Virgem Santa, saltei para perto dela, ajoelhando-me nos degraus do altar, com as mãos apoiadas nos joelhos da Virgem Santa.

Passou-se um momento, o mais doce da minha vida. Impossível contar o que senti. Ela me disse como eu deveria me conduzir em relação a meu diretor, e várias outras coisas que não devo contar; o modo de me conduzir em meus sofrimentos.

A Virgem indicou-lhe "com a mão esquerda o pé do altar". Era lá que eu devia ir "me lançar [...] abrir meu coração", continuou Catarina. "Eu teria todas as consolações de que precisasse [...] Eu lhe perguntei o que significavam aquelas coisas todas que eu tinha visto. [...] Ela me explicou tudo."

Primeira aparição da Virgem, na noite de 18 de julho de 1830.

Que explicações teria ouvido Catarina durante esse encontro íntimo, em contato com Nossa Senhora? Ela tentou transcrevê--las duas vezes, ao fim da vida, quarenta e seis anos depois da aparição, em 30 de outubro de 1876. Elaboramos a versão mais completa possível confrontando as duas redações (editadas em sinopse em CLM 1, pp. 352-357).

> Minha filha, o bom Deus quer nos encarregar de uma missão. Você terá muitas dificuldades, mas as superará pensando que cumpre essa missão para a glória do Bom Deus. Você conhecerá aquilo que é do Bom Deus. Será atormentada por isso, a ponto de contar àquele que é encarregado de a dirigir. Será contestada. Mas conhecerá a graça. Não tema. Fale com confiança e simplicidade. Tenha confiança. Não tema. Você verá certas coisas. Fique encarregada disso, [isto é,] daquilo que você verá e ouvirá.

O que Catarina deveria contar, com confiança, eram as visões e palavras que lhe seriam transmitidas. Seria a instrução para mandar cunhar uma medalha. E concluiu a aparição: "Você será inspirada em suas orações, cumpra".

À promessa de ajuda seguiu-se o anúncio de infortúnios:

> Os tempos serão difíceis. Infortúnios se abaterão sobre a França. O trono será derrubado. O mundo todo será acometido de infortúnios de todo tipo (a Virgem Santa parecia muito aflita ao dizer isso). Mas venha ao pé deste altar. Aqui, as graças serão concedidas a todos, grandes e pequenos, que as pedirem com confiança e fervor. As graças serão concedidas principalmente àqueles que as pedirem.
> Minha filha, adoro conceder graças à comunidade em especial. Amo muito essa comunidade, felizmente.
> [No entanto] sofro. Há grandes abusos no tocante ao regulamento. As regras não são observadas. Há um grande relaxamento nas duas comunidades. Diga isso àquele que se encarrega

de você, embora ele não seja superior. Ele se encarregará de um modo especial da comunidade. Ele deve fazer o possível para que a Regra entre novamente em vigor. Diga-lhe da minha parte que ele se mantenha vigilante contra as más leituras, a perda de tempo e as visitas.

Quando a Regra for [re]colocada em vigor, haverá uma comunidade que virá se juntar à sua. Isso não é habitual. Mas amo a comunidade... Diga que ela seja recebida. Deus as abençoará, e elas desfrutarão de uma grande paz.

Foi em 1850 que se realizou essa previsão: duas comunidades entraram para a família de São Vicente: a das Irmãs da Caridade, fundada por Élisabeth-Ann Seton (que se tornaria a primeira santa canonizada dos Estados Unidos), depois a das Irmãs de Caridade da Áustria, fundada por Léopoldine de Brandis.

"A comunidade desfrutará de uma grande paz. Ela se tornará grande", concluiu Nossa Senhora.

Mas estava para começar o anúncio de distúrbios iminentes.

Vão acontecer grandes infortúnios. O perigo será grande. No entanto, nada tema, diga que nada temam! A proteção de Deus estará sempre presente de um modo muito especial, e São Vicente protegerá a comunidade (a Virgem Santa continuava triste). Mas eu mesma estarei ao seu lado. Sempre velei por você. Eu lhe concederei muitas graças. Haverá um momento em que o perigo será grande. Hão de crer que tudo foi perdido. Nesse momento eu estarei com você!

Tenha confiança, você terá minha visita e a proteção de Deus, e a de São Vicente para as duas comunidades. Tenha confiança! Não desanime. Estarei com vocês. Mas não será assim com outras comunidades. Haverá vítimas (A Virgem Santa tinha lágrimas nos olhos ao dizer isso.) Em meio ao clero de Paris, haverá vítimas: o Monsenhor Arcebispo (ao dizer isso, novamente lágrimas) morrerá.

Essa previsão não se realizaria em 1830. Tampouco se tratava da morte de Monsenhor Affre, morto nas barricadas de junho de 1848. O texto de Catarina especifica a época: *quarenta anos* depois da visão de 1830. Tratar-se-ia, portanto, da morte de Monsenhor Darboy, em 1871. Infelizmente Catarina somente divulgaria essa interpretação em 1876: *post factum*, mas lembrava-se de tê-la revelado a Padre Aladel muitos anos antes, disse ela:

"Diante dessas palavras, pensei: 'Quando será?'. Compreendi perfeitamente: quarenta anos."

(A segunda redação acrescenta: "e dez anos após a paz".)

Sobre esse assunto, Padre Aladel me respondeu:

– É sabido se você e eu também estaremos lá?

Respondi:

– Outros estarão, se não estivermos.

A aparição insistiu em infortúnios próximos:

"Minha filha, a cruz será desprezada. Será derrubada ao chão. O sangue correrá. Abrirão de novo o flanco de Nosso Senhor. As ruas se encherão de sangue. Monsenhor Arcebispo será despojado de suas vestes. (Neste momento a Virgem Santa não conseguiu falar, a dor se estampava em seu rosto.)"

"Minha filha", ela me disse, "o mundo inteiro cairá em tristeza".

Por fim a visão começou a comunicar a Catarina projetos que se definiriam mais tarde: a nova Associação das Filhas de Maria que seu confessor deveria fundar; seriam celebrados "com grande pompa" o Mês de Maria e o de São José; "haverá muita devoção pelo Sagrado Coração".

Retomemos o texto autográfico de 1856, em que Catarina conta o fim da aparição.

> Ali fiquei não sei quanto tempo. Tudo o que sei é que quando ela partiu somente percebi que algo se apagava, algo mais que

uma sombra que se dirigia para o lado da [futura] tribuna [à direita], [pelo] mesmo caminho por onde ela tinha chegado. Eu me pus em pé nos degraus do altar e percebi a presença da criança, [ali] onde eu a havia deixado. A criança me disse:
– Ela partiu.
Retomamos o mesmo caminho, sempre todo iluminado, com a criança sempre à minha esquerda. Creio que essa criança fosse meu anjo da guarda, que se tornara visível para me fazer ver a Virgem Santa, pois eu tinha rezado muito para que ele me concedesse esse favor. Ele estava vestido de branco e trazia consigo uma luz milagrosa, isto é, ele era resplandecente de luz: tinha uns quatro ou cinco anos de idade.
De volta a meu leito, eram duas horas da manhã [...]. Ouvi o toque da hora. Não consegui mais dormir.

A escapada durou, portanto, duas horas e meia, e Catarina, muito lúcida até de manhã, estava segura de não ter sonhado.

Mas como contar isso ao confessor tão dissuasivo? Apesar de atormentada, acabou por obedecer. Sem êxito. Padre Aladel via naquilo só ilusão e imaginação. Suas preocupações, no entanto, tinham a ver com o conteúdo da mensagem. Ele trabalhava para a renovação da "Companhia". Disse, porém, consigo mesmo: o que pretende essa jovem irmã? Chocava-o a perspectiva de ser promovido a fundador. Seria aquilo adulação disfarçada de missão a cumprir? Além disso, a profecia de infortúnio envolvendo uma nova revolução parecia-lhe inverossímil. A transferência das relíquias de São Vicente despertara um grande fervor no povo, e a rápida conquista da Argélia "prometia à França uma grande prosperidade", parecia-lhe.

E eis que explodia a revolução de 1830: 27-29 de julho, as Três Gloriosas, com a derrubada do rei e os sangrentos distúrbios que haviam sido anunciados.

"Até mesmo o Arcebispo de Paris foi objeto do furor da população, obrigado a se disfarçar e se esconder. Pareciam retornar os terríveis dias de 1793", constatou Padre Étienne.

Por fim, a proteção dos Lazaristas e das Filhas da Caridade acabou se verificando. As ameaças dos jovens amotinados foram detidas na porta da casa. Contrariamente a toda verossimilhança, a palavra de Catarina – "Um bispo perseguido encontrará refúgio entre os Lazaristas" – se realizou na pessoa do Arcebispo Frayssinous, ministro dos cultos, que foi pedir hospitalidade a Padre Salhorgne, superior-geral.

Aladel passou a ouvir Catarina com mais interesse, mas "sem lhe dar a entender que atribuísse alguma importância a suas visões". Ela retornou então às confissões normais, ordinárias, e o confessor esperava que isso fosse duradouro.

Mas não; quatro meses depois, ei-la portadora de uma instrução precisa: mandar cunhar uma medalha com a efígie da Imaculada, que ela vira radiante com os dons de Deus.

Com efeito, em 27 de dezembro Catarina foi novamente tomada de "um grande desejo de ver a Virgem Santa":

> Desejo tão forte que tive a convicção de que a veria em seu mais belo esplendor. Avistei a Virgem Santa na altura do quadro de São José [...]. Em pé, vestida de branco, altura mediana, figura tão bela que me seria impossível falar de sua beleza. Estava com um traje de seda branco-aurora.

Foi às cinco e meia da tarde, na hora da oração, "em um profundo silêncio". A Virgem já não apareceu à esquerda, mas à direita, mais perto do altar-mor. Catarina não precisou deslocar-se. Ela viu (adiante, à direita) do lugar onde meditava nas fileiras cerradas de irmãs. Ninguém mais percebeu coisa alguma.

Aladel a recebeu muito mal, e nada foi notado na hora. Mas eis o que ele reteve da confidência de Catarina:

> A noviça viu na hora da oração um quadro que representa a Virgem Santa tal como é comumente representada sob o título de Imaculada Conceição, em pé e de braços estendidos. Vestida com um traje branco e manto azul prateado, tinha ela um véu de aurora, e de suas mãos saíam, como que em feixes, raios de um brilho fulgurante. [A irmã] ouviu no mesmo instante uma voz que dizia: "Esses raios são o símbolo das graças que Maria concede aos homens".

Segunda aparição da Virgem, em 27 de novembro.
"Esses raios são o símbolo das graças que Maria concede aos homens."

Ao redor do quadro, ela leu, em letras douradas, a seguinte invocação: "Ó Maria, concebida sem pecado, rogai por nós que recorremos a vós".

O texto autográfico de Catarina fala dos sentimentos que ela teve então:

Sobre esse ponto só sei expressar aquilo que senti e percebi: a beleza e o brilho, os raios [...].

Estendo [essas graças] às pessoas que as pedem a mim [ouviu Catarina. Ela me fez] compreender o quanto era agradável rogar à Virgem Santa e o quanto ela era generosa com quem lhe rogava. Quantas graças ela concedia a quem as pedia, quantas alegrias sentia ela em concedê-las.

Nesse momento, onde eu estava, ou não estava, rejubilei-me, não sei.

Aladel continua seu relato em termos laconicamente coincidentes com os de Catarina:

Alguns momentos depois, esse quadro se vira e, no reverso, ela distingue a letra M acima da qual havia uma pequena cruz e, abaixo, os sagrados Corações de Jesus e de Maria. Depois de ela ter observado atentamente tudo isso, disse-lhe a voz: "É preciso mandar cunhar uma medalha conforme esse modelo, e as pessoas que a usarem indulgenciada e disserem com piedade essa curta prece, terão a proteção especial da Mãe de Deus".

Eis como Aladel posteriormente contaria a aparição. No momento, porém, ele a acolheu muito mal. O retorno das visões era mau sinal: "Pura ilusão!", ele contestou. "Se você quer honrar Nossa Senhora, 'imite suas virtudes', e abstenha-se da imaginação!"

Catarina retirou-se aparentemente calma, "sem mais preocupações", constatou o confessor (n. 52, CLM 1, p. 220). Mas isso se devia principalmente ao controle que tinha de si mesma, e à graça prometida, pois o choque fora rude. Aliviada por ter ousado falar, passava então a obedecer.

Aladel se interessou tão pouco pela mensagem que não guardou a data dessa segunda aparição: 27 de novembro. Catarina a lembraria bem mais tarde, em 1841. Tampouco contou ele quantos dias depois do acontecimento Catarina lho fora revelar. O importante para ele era propor-lhe firmemente que isso não voltasse a acontecer.

Última aparição (dezembro de 1830)

Mas eis que em dezembro Catarina reviu o "quadro". Ela escreveria mais tarde o relato dessa *terceira aparição de Nossa Senhora*: segunda da medalha, terceira e última da Virgem. Ela "não reparou no tempo", isto é, na data.

Como em 27 de novembro, foi às cinco e meia, depois do momento da meditação. E deu-se o mesmo sinal: o farfalhar de um traje de seda. Dessa vez, a Virgem veio por detrás do altar, e a medalha se apresentou no centro, um pouco atrás do tabernáculo.

A Virgem vestia o mesmo traje fechado, cor de aurora, e o mesmo manto azul. Os "cabelos em bandós cobriam uma espécie de arco guarnecido de uma pequena renda cujo comprimento tinha a largura de dois dedos", descreveu minuciosamente Catarina. Os raios que saíam das mãos "preenchiam toda a parte de baixo de modo a encobrir os pés da Virgem Santa". E de novo "uma voz" se fez ouvir ao fundo do coro: "Esses raios são o símbolo das graças que a Virgem Santa concede a quem as pede".

A aparição tem uma característica de despedida. Catarina recebeu o seguinte aviso: "Não me verás mais, mas ouvirás minha voz durante tuas orações".

A medalha: verso e reverso (desenho da época).

Foi o fim das visões. Todas aconteceram na capela da rua du Bac. Apenas as comunicações ou inspirações interiores continuaram.

Fim do período de formação

Em 30 de janeiro de 1831, Catarina tomava o hábito e, no dia seguinte, deixava o noviciado.

Aladel a fizera seguir para uma casa vizinha a fim de que fosse mais observada. Algumas pessoas ficaram sabendo do ocorrido e, quando Aladel chegou, "bombardearam-no de perguntas". O confessor tinha os olhos bem abertos. Será que Catarina, também provocada, iria se trair?

Não! Sem se desconcertar, foi a "mais diligente em responder a todas as perguntas, tranquilamente, sem se revelar de modo algum". Aladel ficou bastante impressionado. Aquela que ele tratara com tanta severidade acabava de marcar um ponto... sem que nada transparecesse. E ele mesmo concluiu: "A Virgem Santa ajuda a irmã a guardar segredo, e esse segredo lhe é agradável".

No noviciado, Irmã Marthe Velais fez a seguinte apreciação de Catarina: "Forte, altura mediana. Sabe ler e escrever para si. Seu caráter parece bom. A inteligência e o discernimento não são extraordinários. Recursos suficientes. Piedosa, trabalha com perfeição".

PRIMEIROS PASSOS
NO ASILO DE ENGHIEN

A caminho dos votos
(5 de fevereiro de 1831-3 de maio 1835)

Em 5 de fevereiro de 1831, Catarina bateu à porta do número 12 da rua de Picpus: o asilo de Enghien, para idosos, ao qual fora designada. Quatro Filhas da Caridade a acolheram. Homens e mulheres idosos espreitavam a recém-chegada.

O asilo fora fundado em 1819 pela duquesa de Bourbon, em memória do filho, o duque de Enghien, fuzilado em 1804 no fosso de Vincennes por decisão de Napoleão I. Sua herdeira, Marie Adelaïde d'Orléans, irmã de Louis-Philippe, transferira a instituição para Reuilly em 1829, para que fosse dada assistência a cinquenta velhos servidores da família d'Orléans, a fim de que lá encontrassem uma existência decente depois de terem aposentado o cintilante uniforme. Aladel mantinha assim Catarina num subúrbio próximo para vigiar a jovem irmã, que causava inquietação por causa de suas visões. Jovem demais para servir aos idosos (às vezes demasiado audaciosos), foi designada para a cozinha. Uma provação para ela: a cozinheira-chefe, Irmã Vincent, 35 anos, era muito parcimoniosa! Catarina, por sua vez, gostava da abundância.

"É preciso suportar com paciência essa companhia", respondeu-lhe Aladel, confessor em Enghien.

Confiaram-lhe também o vasto jardim, onde Catarina se saía melhor que as citadinas, em razão de sua experiência na propriedade da família. Ela geriu e reorganizou tudo, a começar pelo galinheiro.

Ela servia aos pobres proporcionando-lhes subsistência, inclusive o leite das vacas que logo instalaria no estábulo de Reuilly. Assim, ficou livre do tormento que dizia afetar a São Vicente: "Vivam de atividades produtivas e manuais". E que recriminava a si mesmo: "Miserável! Ganhaste o pão que vais comer, esse pão que te vem do trabalho dos pobres?" (24 de julho de 1655).

Finalmente a medalha

Nessa altura Catarina já não tinha visões, mas restava-lhe a missão de mandar cunhar a medalha. Uma voz interior continuava a insistir, mas Padre Aladel permanecia surdo e inflexível.

"A Virgem está descontente!"

No outono de 1831, diante de uma nova insistência, ela ousou responder a Nossa Senhora: "'Ele' não quer me ouvir".

"Ele" era Padre Aladel.

"'Ele' é meu servidor", respondeu-lhe a voz interna. "Receia me desagradar!".

Catarina voltou então a insistir uma terceira vez: "A Virgem está descontente!", ela ousou dizer.

Aladel permaneceu uma pedra, mas as palavras de Catarina o atormentaram. Seria ele um mau servidor "Daquela que ele aprecia chamar de *Refúgio dos Pecadores*"?

Dessa vez ele foi falar com Padre Étienne, procurador-geral dos Lazaristas, seu amigo. Os dois jovens lazaristas, que eram o espírito da congregação, tinham apenas 30 anos. O caso foi submetido a Padre Salhorgne, superior-geral.

Para a surpresa dos dois, ele se mostrou, sobretudo, favorável.

Junto ao Arcebispo

Padre Étienne, procurador, devia ir a Paris ver o Arcebispo de Quelen, para tratar de "assuntos da Congregação"; propôs a Padre Aladel que o acompanhasse... "Assim poderemos apresentar o pedido... entre outras coisas."

A questão foi abordada com receio e insegurança. Surpresa. O Arcebispo, muito devoto de Nossa Senhora e de sua Imaculada Conceição, via com bons olhos aquela "mulher vestida de sol e coroada de estrelas" de que fala o Apocalipse.

"Nenhum inconveniente em mandar cunhar a medalha", ele concluiu. "Esse seria mais um avanço para a crença na Imaculada Conceição, ainda discutida pelos teólogos. Não há motivo para prejulgar a natureza da visão, nem para divulgar as circunstâncias em que a visão se dera", acrescentou. "Que se distribua a medalha, simplesmente. A árvore será julgada pelos seus frutos."

Medalhas antigas.

O reverso da medalha

Aladel elaborou sem precipitação um projeto. Para o anverso, o modelo seria a imagem feita por Bouchardon (a Imaculada), que se encontra em Saint-Sulpice, mas com o feixe de raios saindo das mãos, a novidade trazida pela visão.

Para o reverso, Aladel, encabulado, consultou Catarina no confessionário de Reuilly: "Não haveria uma outra inscrição, no reverso?".

Catarina já não sabia. Iria rezar. Na confissão seguinte, ela respondeu: "O M e os dois corações já dizem o bastante".

Vinte mil mortos em Paris

Em princípios de março de 1832 surgiu a terrível epidemia de cólera durante a qual se registraram 18.400 mortes oficiais, mas na verdade eram mais de 20 mil. Minimizava-se o fenômeno para conter o pânico.

Os recursos eram poucos, combatia-se menos a doença do que os sintomas: banhos quentes contra o frio que gelava os doentes, acetato de chumbo para os excrementos etc. Padre Étienne e Padre Aladel não mediam esforços; a medalha estava bem longe de suas preocupações. O mesmo se dava com o Arcebispo de Quelen: expulso de seu arcebispado em 15 de janeiro de 1831 por uma revolta popular, voltou para socorrer o povo aflito e visitar os doentes.

Em fins de maio, a epidemia recuou. Padre Aladel aproveitou então a oportunidade para entrar em contato com o ourives Vachette, no número 54 do Quai des Orfèvres, e encomendou--lhe a medalha.

Infelizmente, no entanto, a epidemia voltou. Pânico redobrado. Mas a medalha já estava sendo cunhada, e em 30 de junho

Vachette entregava os primeiros 1.500 exemplares. O arcebispo recebeu a primeira e mandou fazer, para o seu quarto, uma imagem "conforme o modelo apresentado à irmã".

Catarina recebeu sua medalha no começo de julho, em sua comunidade, sem que nada a distinguisse das outras. Estava feliz e não se incomodava com as liberdades de interpretação que deixara ao critério de Aladel; e Aladel, ao critério de Vachette. Sabia muito bem que sua visão era sublime. Quando dessa primeira distribuição, Catarina apenas expressou sua aprovação: "Agora é preciso fazer a propagação!".

Primeiros raios

Mal começara a propagação, houve conversões espetaculares e curas. Em Paris, na escola da praça do Louvre, a pequena Caroline Nenain, de 8 anos, a única de sua classe que não usava a medalha, foi também a única atingida pela cólera. As irmãs então lhe deram uma medalha. Ela logo se curou e, no dia seguinte, já voltava para a classe.

Em 13 de junho de 1833, um blasfemador enfurecido aceitou a medalha que as irmãs lhe ofereciam e, a partir de então, viu com serenidade a aproximação da morte, a ponto de dizer: "O que me causa tristeza é ter amado tão tarde e não ter amado mais".

A partir de agosto de 1833, a medalha se espalhou pela Espanha, onde a invocação de "Maria concebida sem pecado" realizou também maravilhas. Chamaram-na "milagrosa"; o título permaneceria.

Primeiras publicações

O jovem de Coulommiers curado de raiva (evocação popular).

Agora, porém, as pessoas queriam saber. O que fazer para informá-las e prevenir a ocorrência de boatos?

E como fazer para permanecer conforme as regras da Santa Sé, que proibia a propagação prematura de revelações e milagres? O Abade Le Guillou encontrou uma solução: por ocasião do Mês de Maria, as aparições da rua du Bac seriam descritas dentro do mais completo anonimato, entre os "exemplos e milagres" que sempre ilustraram esse gênero literário. Aladel encarregou-se dessa pequena redação, restrita a uma página apenas, prudente o mais possível: "Lá pelo fim de 1830, *uma pessoa* me comunicou uma visão que ela teve; durante a hora da oração, *ela me disse*. Ela viu, *como num quadro*, a Virgem Santa".

Seguiram-se alguns relatos de curas, conversões, proteção. Le Guillou esclarecia que o fenômeno era contestado. "É magnetismo!", diziam alguns.

O *Mês de Maria*, publicado com a aprovação pessoal do Arcebispo (10 de abril de 1834), foi prudentemente avaliado por Frederico Ozanam, um jovem de 21 anos. Já era então possível dizer a quem quisesse se informar: "Leia Le Guillou, página 317".

Isso fez o sucesso do livro, mas muitos desejavam uma nota *ex-professo* sobre a medalha.

Aladel determinou-se a escrevê-la, no anonimato, desenvolvendo um pouco o relato lacônico escrito em 17 de março. Fez-se menos evasivo: "Ela julgou ver" tornou-se "Ela viu, durante a oração, um quadro". Esta última palavra, contudo, relativizava a aparição. A sequência enfatizava que a Virgem ali aparecia "como se costuma vê-la representada sob o título de Imaculada Conceição". Aladel pediu a Catarina autorização para divulgar esse pequeno texto, preservando-lhe, por certo, o anonimato. Esse contato deu-lhe a oportunidade de reparar uma omissão assinalada com veemência por Catarina: "Essas graças, representadas pelos raios, despejavam-se com mais abundância sobre uma parte do globo que se encontrava aos pés de Maria; e essa parte privilegiada era a França".

A nota apareceu em 20 de agosto de 1834, acompanhada de uma coleção de milagres. Os 10 mil exemplares se esgotaram em menos de dois meses. As edições seguintes (15 mil, depois 37.664 exemplares) se esgotaram ainda mais depressa.

Milhões de medalhas

As medalhas se espalharam pelo mundo todo antes do fim da década. No início de 1834, eram 10 mil medalhas; em março, 50 mil; entre junho e setembro, ultrapassavam-se os 150 mil;

e, de setembro a fim de novembro de 1834, 500 mil. No ano seguinte, eram já milhões.

Essa expansão manifestava um despertar em meio ao povo. A tradição religiosa não fora desenraizada pela Revolução. A medalha a fazia reviver. Era a Bíblia dos pobres, um ícone, o símbolo de uma presença amiga, poderosa, maternal: a de Maria na comunhão dos santos, na luz do Cristo, à sombra da cruz, sob o signo do amor incomparável, representado pelos dois corações no reverso da medalha. Catarina estava feliz. E deu graças.

Catarina exposta

Eis, porém, que, com isso tudo, ficava ameaçado o segredo. Procurou-se descobrir quem, entre as noviças de 1830, tinha tido a visão. Os mais perspicazes puseram Catarina em situação difícil.

Em 1835, o pintor Leserre ficou encarregado de pintar dois quadros comemorativos das visões de 1830: o coração de São Vicente e a medalha milagrosa. Catarina foi consultada. Aladel deu-lhe a oportunidade de ver as duas pinturas depois de instaladas no noviciado. A discrição foi inútil; uma irmã ingênua veio e disse: "Foi certamente essa irmã quem teve a visão". Padre Aladel, embaraçado, virou-se para essa irmã. Ela sorriu com ar de brincadeira e exclamou: "Descobrimos!".

Ao dizer isso, a irmã que julgou ter descoberto acrescentou: "Mas não creio. Se fosse ela, não vos teríeis dirigido a ela para que eu descobrisse".

Julgamento por contumácia

Essa expansão mundial contrariava os cuidados prescritos pelo V Concílio de Latrão, do século XVI. Roma poderia agir com rigor.

Processo fracassado

Era então necessário que houvesse uma investigação, um julgamento, como sugeria o Concílio.

Surgiu, porém, um obstáculo: Catarina não queria saber de nada disso. Mais ainda: declarava-se atingida por amnésia.

"Ela não se lembra de quase nenhuma circunstância da visão; portanto, qualquer tentativa para dela obter informações seria completamente inútil", concluiu o Cônego Quentin, que o Arcebispo encarregara da investigação.

Muito se discutiu então e depois. Tratar-se-ia de uma dessas conhecidas amnésias da história da mística? De uma hábil resistência da vidente? Ou as duas coisas? O Arcebispo teria podido forçar a decisão, pedir para ver Catarina pessoalmente. Preferiu, porém, respeitar-lhe a consciência conforme sua linha de conduta.

Assim Catarina escapou da difícil posição de vidente. Mas precisaria defender-se diariamente para preservar seu segredo e dedicar-se toda ao serviço dos pobres, conforme sua vocação.

Passou da cozinha para o jardim e foi designada para a sala dos idosos, apesar de ser jovem. Foi bastante firme para se fazer respeitar pelos homens lúbricos.

Votos

Em 3 de maio de 1835, domingo do Bom Pastor, pronunciou enfim seus votos na modesta capela de Enghien. Depois da elevação do cálice, sua voz se elevou na pequena comunidade de cinco membros:

> Eu, Catarina Labouré, na presença de Deus e de toda a corte celeste, renovo as promessas de meu Batismo e faço a Deus voto de pobreza , de castidade, de obediência e de me dedicar de corpo e espírito a serviço dos pobres e dos doentes, nossos verdadeiros mestres...

Defecção

Uma sombra obscureceu esse belo dia. No ano anterior, em 26 de abril de 1834, sua irmã mais velha, Marie-Louise, que tanto a incentivara a entrar para a congregação das Filhas da Caridade, deixava-as ao fim de doze anos, depois de ter por um momento permanecido como superiora. Cercada de um verdadeiro vespeiro de contestações e de calúnias que, em 1829, a destituíram da posição de superiora, ela se deixara abater pela injustiça e não vira outra solução senão partir.

Foi um golpe para Catarina, que, no entanto, rezou de todo o coração. Diante de tantos milagres que vinham acontecendo havia três anos na comunidade, por que não mais um? O choque não a abalou. Sentiu-se forte pelas duas. Quanto a isso e quanto ao resto, ela esperou pela aurora.

A ESTAÇÃO DOS FRUTOS

O que se segue é o cotidiano longo e monótono que consistia em perpetuamente recomeçar o serviço aos pobres e manter o ânimo em meio a uma dispersiva multiplicidade de ocupações.

Ela executava suas tarefas apesar das "dores ciáticas" que a obrigariam à hospitalização em 1841, dores de que sofreria ao longo da vida.

Sua sobrinha Léonie, que a visitava com frequência, explicou o seguinte:

> Ela tinha dores nos joelhos. Trata-se de um mal de família de que também sofro. Se tentássemos nos condoer, ela respondia que isso não era nada e que, enquanto pudesse trabalhar, se sentiria feliz.

Passemos a uma vista geral de suas múltiplas atividades.

O jardim terreno de Reuilly

Agricultora e pastora de Reuilly

Apesar de designada para cuidar dos idosos, Catarina continuou como fazendeira e pastora. Criou o estábulo de Reuilly em 19 de março de 1846 e comprou a primeira vaca por 480 francos. A trigésima vaca foi comprada por 580 francos em 1º de novembro de 1860 e revendida a preço inferior em 13 de outubro de 1862. Embora boa agricultora, não era boa comerciante.

Irmã Dufès, a nova superiora, que chegara em 18 de outubro de 1860, deu um fim às vacas e aos cavalos deficitários. Parece não ter levado em conta que as trinta vacas tinham produzido mais de 90 mil litros de leite, perfazendo 48.529 francos, o que ultrapassava as despesas com alimentação.

Igualmente positiva era a criação de pombos que Catarina começara, que renderam 1.195,85 francos, e também a atividade do galinheiro, do qual ela mantinha uma contabilidade rigorosa.

A fazenda dava a Catarina a oportunidade de fazer boas surpresas. Certo dia em que Irmã Olalde, a cozinheira, se esquecera de fazer a sopa, Catarina (que essa irmã fazia, aliás, sofrer) a salvou da situação difícil dizendo: "Não se preocupe, irmã, acabo de ordenhar as vacas. Vamos ficar satisfeitas esta noite com o leite fresco!".

O jardim humano: serviços de todo tipo

Os idosos

Catarina precisava de muita autoridade para manter a ordem em meio aos dramas pessoais dos velhos servidores do palácio de Orléans, nostálgicos de suas librés, e de outros idosos. Ela sabia ser boa para com os maldosos, pôr para dormir os embriagados incorrigíveis que saíam fora de si. Quando, no dia seguinte, eles pediam perdão, Catarina lhes respondia: "Não é a mim que é preciso pedir perdão. É ao bom Deus!".

Ao servir, repetia sem se cansar: "Está satisfeito?".

Era um bálsamo para os idosos, assaltados pelo medo constante de que lhes faltasse alguma coisa.

"Quando algum deles não suportava um ou outro alimento, ela se preocupava em arranjar-lhe outro", notou uma testemunha.

A recepção

Catarina era responsável pela recepção: organizava-a e a ela se dedicava durante seu tempo livre ou quando o movimento exigia.

Os pobres

Era, portanto, responsável pela acolhida aos pobres que batiam à porta – problema constante ao qual não se esquivava e tentava resolver de todo o coração.

"Ninguém nunca se queixou de sua acolhida", testemunhou Irmã Combes no processo (CLM 2, p. 314).

A rabugenta

Um dos espinhos de Catarina foi uma velha companheira de convento, que ela viu certo dia chegar ao estado de desolação e que, aos 50 anos, se transformara numa maltrapilha. "Blaisine!", disse Catarina, abraçando-a.

Em seguida, fez com que fosse acolhida na casa. Mas essa criatura agitada e às vezes depressiva era um desastre ambulante. Todos queriam dela se desvencilhar. Catarina a defendia das outras e contra si própria, e mais mérito havia nessa atitude diante do fato de que Blaisine revelou seu segredo em diversas confidências: "Foi Irmã Catarina quem viu a medalha!".

Todos na casa a chamavam rabugenta por causa de seu humor e dos problemas que causava. Foi uma dura prova para Catarina, que tanto a defendia.

O jardim familiar

Catarina teve também grandes problemas de família.

A morte do pai

A morte do pai foi para ela um tremendo golpe. Ele a recriminara por não ter podido lhe prestar os últimos cuidados, e Catarina, por sua vez, criticava Marie-Louise, que retornara à vida laica: "O fato de não ter dedicado os cuidados que por ocasião da velhice se presta a um pai aflito como o nosso [...] que morreu sozinho, embora em família, abandonado pelos próprios familiares".

Marie-Louise

Seu relacionamento com Marie-Louise tornou-se por algum tempo difícil, tenso. As cartas de Catarina passavam do "tu" ao "vós", conforme os encorajamentos ou as recriminações. Marie-Louise pleiteava sua reintegração à congregação. Sua vigorosa insistência, apesar de ríspida, e principalmente suas preces, finalmente lhe propiciaram o retorno.

Em 26 de junho de 1845, o conselho aceitou reintegrá-la. Assim, aos 50 anos, retomava o hábito em Enghien, casa de Catarina, em 2 de julho, festa da Visitação. Foi em seguida designada para Paris.

Antoine-Ernest

A Catarina também confiaram Antoine-Ernest, filho de Charles, o dono de restaurante e comerciante de vinhos para quem ela trabalhara. Artista de muito talento, violinista em determinadas horas, conseguiu ele ser admitido como substituto na orquestra da Ópera.

Catarina se preocupava com essa vida de artista. Queria velar por ele. Certa manhã, já tarde para ela, cedo para ele, pássaro da noite, ela o encontrou ainda na cama, mesa repleta de garrafas vazias e copos sujos.

– Quer dizer que andas na pândega!

– Não, só com amigos.

E acrescentou:

– Estou na minha casa. Não volte aqui!

Catarina compreendeu sua indiscrição e a liberdade do sobrinho. Nascido em 1834, tornou-se major e retornaria a Enghien no começo de 1861 para apresentar sua mulher.

Tonine em Paris

Tonine casou-se tarde, depois da morte do pai. O encargo de cuidar de Auguste, o irmão mais novo, doente, a retinha em casa. Para facilitar o casamento com Claude Meugniot, comerciante de madeira, Catarina ajudou a instalar o irmão deficiente, de 29 anos, com o irmão Antoine, que comprou a casa da família e passou a cuidar dele.

Eis que em 1857, Tonine chegou a Paris, e as duas irmãs retomaram contato. Catarina seria um farol para seus sobrinhos. O segundo deles, Philippe, em maio de 1869 seria ordenado padre Lazarista. Foi uma grande alegria para Catarina, que o havia orientado e guiado por suas intuições.

Em janeiro de 1861, o marido de Tonine, Claude Meugniot, foi atropelado por uma locomotiva. Começava um calvário de longos meses. Como todos os burgueses da época, Claude era antes de tudo um descrente. Fazia ouvidos moucos para as exortações de Catarina; para ele, a religião era assunto de mulheres. "Zoé quer me converter, mas não vai conseguir!"

Ela rezava muito por Claude. No segundo semestre de 1862, quando de uma breve melhora de seu estado de saúde, ele finalmente se converteu. Tornar-se-ia então um exemplo de paciência até sua morte.

"Sempre pensamos, nós da família, que sua conversão se devia às preces de minha tia", afirmou sua filha Marie-Antoinette Duhamel.

Marido volúvel e viuvez de Antoinette

Em 15 de outubro de 1864, Marie-Antoinette Meugniot, de 25 anos, casou-se com um jovem brilhante, Eugène Duhamel, de 32 anos: homem charmoso e aventureiro. Graças ao sogro, ele fizera carreira na companhia ferroviária, onde tinha uma boa posição.

No entanto, depois do nascimento da primeira filha, Marthe, ele desapareceu sem dar notícia, em dezembro de 1866. Marie-Antoinette, então grávida da segunda filha, ficou arrasada. Falava-se em assassinato. Dois anos depois, Marie-Antoinette era chamada ao órgão do governo encarregado da investigação:

– Trata-se de seu marido, senhora.

– Ele está morto?

– Não, senhora. Está vivo!

Fora arrebatado pelo espírito da aventura, assim como Marius de Pagnol. Em 1866, ofereceram-lhe uma boa colocação na América. O navio estava de partida, e ele embarcou sem pensar.

Voltou em 1878 para a Exposição Universal, onde montou um estande em que figuravam duas mulheres negras. Fez fortuna. Confuso em relação à esposa, tentou rever as filhas clandestinamente e retornou a Nova York com planos para a família.

As fortunas, porém, faziam-se e desfaziam-se com rapidez do outro lado do Atlântico. O fato é que um incêndio acabou devorando todo o bairro que ele erguera com casas de madeira. Eugène não tinha seguro, e sua saúde não resistiu ao choque. Retornou doente aos 57 anos, mas parecia um octogenário. Catarina não assistiria a esse epílogo. Em 1876, ela passara da Terra ao paraíso.

Catarina fez muito por sua família, mas sempre na obediência e nunca em detrimento de seus deveres de religiosa.

Os jardins de São Vicente

Catarina teve a alegria de ver os frutos da aparição ampliarem-se e revigorarem sua família religiosa, em que as reformas avançavam. Padre Étienne, eleito superior-geral, em 4 de agosto de 1844, fazia maravilhas.

Os efetivos eram numerosos, e as missões cresciam, principalmente na China. Padre Étienne rendeu graças a Nossa Senhora e aos frutos de sua aparição: "Foi então que começou uma nova era para a Companhia [...] erguida a partir de suas ruínas", ele publicou em 1º de janeiro de 1855.

Entre as irmãs, os efetivos do noviciado subiram de uma centena a mais de quinhentas jovens irmãs. Foi preciso construir um prédio gigantesco para abrigá-las. E não bastou. Seria necessário descentralizar a instituição.

Constatou Padre Étienne: "Tudo isso se fez durante os vinte e quatro anos que nos separam da aparição de Maria Imaculada.

Quem não veria aí uma maravilhosa intervenção do céu? [...] O dedo de Deus aí está!".

Crescimento e problemas em Reuilly

A tarefa de Catarina era, no entanto, o asilo de Reuilly, implantado em um bairro de miséria efervescente. As irmãs precisavam se desdobrar entre o exaustivo cuidar dos idosos e o atendimento às necessidades do bairro miserável, o que ocasionava muitas tensões na casa. Catarina tinha de se esforçar para manter a paz dentro da obediência, apesar das ideias divergentes... e provocativas, que tal situação inspirava em cada um. Muitas irmãs testemunharam sua ação pacífica: "Não se envolvam com coisa alguma", dizia ela às jovens irmãs, quando grupos estavam para se formar. "A superiora é o bom Deus!", ela acrescentava.

"Fui convidada muitas vezes por Catarina para me submeter à superiora", testemunhou Irmã Combes.

No mesmo sentido, disse ela a Irmã Maurel d'Aragon (21 anos): "Nossa vida é a fé: ver Deus em tudo, nos superiores, nos acontecimentos".

Muitas irmãs se lembraram de sua acolhida calorosa que muito contribuiu para a unidade da casa.

Em 1856 ou 1857, chamou-lhe a atenção uma jovem irmã de 23 anos que fora enviada a Enghien para que mudasse de ideia. Catarina percebeu que havia algo errado:

– Minha filha, tens em mente um mau pensamento.

Acertara em cheio. Confidenciou-lhe então a jovem:

– Entrei para a comunidade para cuidar dos doentes e não conseguiria nunca falar diante de tanta gente!

Ela acabava de ser designada como professora numa época em que todo mundo "podia entrar e assistir às aulas que a irmã ministrava às crianças", inclusive os adultos.

– Prefiro voltar para minha família – ela concluiu.

– Coragem! – disse-lhe Catarina, com seu forte sotaque da Borgonha. – Rezarei à Virgem Santa em sua intenção. Durante um ano, promete que rezarás também. Passarás em teus exames e haverás de perseverar em tua vocação.

Foi o que aconteceu.

Catarina tinha às vezes intuições espantosas. Irmã Joséphine Combes (29 anos) arriscara uma confidência imprudente a uma de suas companheiras. Como Catarina soube de tal fato?

"Ela me recriminou por isso", contou Irmã Combes. "E ela acrescentou: 'Mais tarde verás!'."

Algum tempo depois, essa companheira renunciava a sua vocação e voltava para o mundo.

Ela às vezes tinha intuições proféticas que surpreendiam e desconcertavam.

"Enghien vai se mudar para um castelo...", certo dia ela disse, o que só aconteceria muito depois de sua morte.

Mas por enquanto era preciso ir tocando o barco naquele bairro pouco seguro.

As crianças a quem ensinavam o catecismo nas salas de locutório eram filhos dos insurgentes de 1848. Tumultuosos, certa vez ergueram uma barricada na rua de Picpus. Terror entre os idosos, ex-servidores da velha nobreza. Bem que eles tinham dito às irmãs que era um erro atrair aquela ralé! Recorreram aos grandes. Do fundo de seu exílio, a rainha Marie-Amélie deixou de lado a costumeira benevolência para rogar à Irmã Dufès que não mais recebesse os jovens turbulentos. Disso resultaria um conflito prolongado, com soluções graduais. Catarina permaneceu como elemento de paz e equilíbrio em meio a essas complicações todas.

Na terça-feira de Carnaval, 17 de fevereiro de 1863, às quatro da manhã, começou um violento incêndio na fábrica de papéis de parede, contígua à capela das irmãs. As chamas lambiam o telhado. A ansiedade era grande. O pânico grassava.

Irmã Catarina, muito calma, rezava diante da imagem de Nossa Senhora, no jardim. Ela tranquilizou a comunidade: "Nada temam. Isso vai parar. Não lhes acontecerá mal nenhum". E assim foi.

Para todo e qualquer serviço

Catarina, no entanto, não participava das deliberações nem das decisões dessa comunidade. Era apenas a cuidadora dos animais, a camponesa, a criada para todo e qualquer serviço. Isso parecia natural. Não prestavam atenção a esse pilar sólido, tanto do ponto de vista humano quanto espiritual.

Era acolhedora. Gostava de ver os jovens na casa. Não criava problema para ninguém. Ninguém se queixava dela, nem na recepção, nem em lugar nenhum. Era a boa trabalhadora que resolvia mil problemas materiais e pessoais. Isso parecia normal. Jogavam em suas costas tudo aquilo que ninguém queria assumir, e ela dava conta de tudo sem que lhe demonstrassem reconhecimento.

Apesar de tudo, confidencialmente informada da vidência de Catarina, Irmã Dufès a tratava com severidade: "Umas cinco ou seis vezes", relata Irmã Cosnard, "vi Catarina de joelhos diante de Irmã Dufès, que a censurava por erros que ela não tinha [cometido] e pelos quais não era responsável. As advertências eram incisivas, muito incisivas. Irmã Catarina, embora inocente, não se justificava. Pareceu-me, no entanto, que em sua alma se travava uma luta. Seus lábios se remexiam, como que quase se abrindo [...]. A luta terminou com o triunfo da humildade [...]. Perguntei a Irmã Dufès porque a tratava assim. [Ela] me respondeu em tom de voz bem firme: 'Irmã, deixe-me agir desse modo, sinto-me levada a isso'".

A atitude severa da superiora espalhou-se como mancha de óleo. As irmãs instruídas, que tinham destaque na comunidade, não tinham consideração por aquela irmã simples, cujo sotaque e avental cheiravam a estábulo. Uma delas a "humilhava", "ridicularizava" (assegurou Irmã Clavel), a ponto de tratá-la como "tola" e "simplória".

Catarina fazia de conta que não percebia. Era um refúgio para as recém-chegadas que passavam por provações semelhantes.

As serviçais gostavam dela, pois era boa e atenciosa.

Quando a jovem Cécile Laporte, de 20 anos, que cuidava da roupa branca, caiu doente ao chegar, em 1868, era Catarina quem ia visitá-la, em meio ao rigoroso inverno. Ela lhe levava "um edredom e um elixir".

"Certo dia", Cécile recorda, "quando eu entregava ferros para que as irmãs passassem a roupa, ela viu que eu estava com calor e me deu um copo de leite".

Havia empatia entre ela, os humildes e as crianças. Quem quer que tivesse problemas, a ela recorria na casa como a uma boa mãe, confiável...

Os idosos eram-lhe gratos pela boa ordem que ao redor dela reinava, sem reprimendas nem palavras inúteis, e dessa boa ordem beneficiava-se Irmã Dufès, ameaçada pelos fundadores do asilo.

Catarina estava espantosamente presente em toda parte: no jardim, no espaço reservado aos animais, à porta da frente e principalmente entre os pobres. Reservava para si as mais rudes e duras tarefas. Era sempre ela quem encerava o assoalho das

salas dos idosos com o pesado escovão. "Catarina era forte!",
pensavam. Aos 60 anos, porém, suas forças estavam em declínio.
Às vezes sentia o coração enfraquecer, mas administrava suas
fraquezas do melhor modo possível.

Construíra para si uma reputação discreta, mas sólida, como
veladora de moribundos. Privava-se do sono por conta das ago-
nias, frequentes entre os idosos. Só entre os homens, morriam
de três a quatro por ano.

Conciliava harmoniosamente o cuidado do corpo e o da
prece. Encontravam a paz todos aqueles de quem ela cuidava.
Os descrentes se reconciliavam e às vezes tinham mortes santas.
Não houve entre eles nenhum que não tivesse se reconciliado,
constataria Irmã Dufès, quando da morte da própria Catarina.

Irmã Elisabeth de Brioys, de família importante, mas também de grande "discernimento", contou com Catarina para esse
derradeiro serviço. Ela tinha sido aceita apesar de uma tuber-
culose que acabou se complicando com uma meningite. Em 24
de agosto de 1863, entre dois momentos de coma, disse ela a
Irmã d'Aragon: "Vou morrer. Chame Irmã Catarina. Diga-lhe
que não me deixe!".

Irmã d'Aragon discordou. Não estava lá ela própria? Às onze
horas da noite, a doente reiterou o pedido. Catarina estava na
cama desde as nove. Dormia profundamente. Irmã Claire a
sacudiu. Ela se levantou de boa vontade, vestiu a touca. E ei-la
a postos, ao lado da moribunda, com seus olhos azuis. Rezou
calmamente. Às quatro da manhã, o sino tocou. Era a hora do
despertar. Catarina continuou rezando. O estertor da moribunda
se acentuou. Expirou às seis horas, aos primeiros raios do sol
daquele 25 de agosto. Catarina a deixou e retomou seu trabalho.

O jardim das Filhas de Maria

A confraria das Filhas de Maria era especialmente cara a Catarina, que pedira a Padre Aladel que a fundasse, em nome de Nossa Senhora.

"A Virgem concederá muitas graças", ela lhe dizia. "Indulgências vos serão concedidas [...]. Haverá muitas festas. O Mês de Maria dar-se-á em grande pompa e por toda parte."

A fundação se deu em 1838. Catarina empenhou-se para isso, principalmente em Reuilly, onde o movimento se ampliava. Em 1851 havia treze candidatas. Em 21 de novembro, Aladel fundou pessoalmente a associação com a ajuda do capelão, o Abade Pierre Couillé, futuro cardeal. Aladel entregou a medalha às três primeiras aspirantes: três órfãs. Foi um fervoroso empreendimento.

A partir de 1853, registrou-se um declínio. Catarina empenhou-se em resgatar o grupo. Em 1858, fez com que sua sobrinha Marie-Antoinette fosse acolhida. Seus conselhos e seu exemplo sustentavam o fervor.

O jardim secreto

Catarina mantinha seu jardim trancado no fundo do coração. Defendia-lhe a intimidade com rigorosa eficácia, favorecida pelos pesados tamancos, pelo avental sujo e pelo tom de voz às vezes rude.

O anonimato em perigo

Seu anonimato tendia a deixar de ser um segredo, devido às confidências que se multiplicavam em progressão geométrica.

Em 1855, Irmã Charvier ouviu dizer: "A irmã que viu a Virgem Santa agora se ocupa de cuidar das vacas numa casa de Paris". Ela logo identificou a única a cuidar de vacas na capital.

A rabugenta continuava a multiplicar suas confidências traiçoeiras.

Irmã Dufès não ousou recusar essa revelação a seus benfeitores; por insistência deles, ela cedeu: "Pois bem, vou levar-vos ao refeitório dos idosos, onde a irmã em questão presta serviço".

Mas "mal tinham eles entrado, Irmã Catarina se esquivou, para grande espanto de sua superiora, que nunca a tinha visto agir desse modo". Como foi que ela pressentira a cilada? Depois da partida dos visitantes, Catarina foi rogar à superiora que "não mais lhe trouxesse tais visitas".

Desse jardim fechado, Catarina sabia não ser a jardineira. Era Padre Aladel quem detinha a autoridade de Deus e da Igreja.

No entanto, apesar do sucesso da medalha, o jardim permanecia fechado em permanente defensiva.

Desde 1839, Catarina sentia-se pressionada a erigir um altar e uma imagem comemorativa no local da aparição de 27 de novembro (à direita de quem olha para o altar), e essa imagem teria um globo nas mãos, aspecto até então esquecido. Aladel ficou contrariado com a nova exigência, mas, na obscuridade do confessionário, Catarina insistiu. O padre se exaltou. Seu descontentamento foi maior que a habitual discrição: "Criatura astuciosa!".

A interjeição ultrapassou a cortina negra e chegou a ouvidos atentos.

"O confessionário tremia", julgou poder comentar uma testemunha.

Padre Aladel, por sua vez, continuava apreensivo com tudo quanto permanecia guardado no jardim secreto de Catarina. Em 15 de agosto de 1841, ele lhe pediu que redigisse o relato da aparição, do que Catarina se desincumbiu de modo preciso: "Por cima do véu, avistei os cabelos em bandós. Por baixo, uma renda de três centímetros de altura, sem franzido, prendendo ligeiramente os cabelos... O rosto estava bem descoberto".

A Virgem com o globo, imagem que Catarina levaria mais de trinta anos para poder mandar erigir.

Mas o que importava para Catarina eram os desejos de Nossa Senhora. Ela tinha um globo nas mãos, que representava o mundo. Naquele mesmo ano, Padre Aladel, que parecia se orientar para a realização do projeto, pediu ao pintor Letaille um esboço da imagem pretendida. "O essencial" era o seguinte: "A Virgem Santa tem o globo delicadamente pousado nas mãos e o ilumina com uma luz viva. O importante é que essa luz seja vista iluminando intensamente a Terra, especialmente entre as mãos, de onde vem a luz. A Virgem Santa contempla a pobre Terra com uma ternura maternal. Ler-se-á ao redor: 'Ó Maria concebida sem pecado, rogai por nós'".

Letaille aceitou a encomenda, mas o projeto permaneceu sem continuidade.

A cruz de 1848

No limiar da revolução de 1848, Catarina comunicou um outro pedido: uma grande cruz seria erguida em Paris, para servir de para-raios espiritual:

> Essa cruz se chamará a Cruz da Vitória. Será muito venerada. De toda a França, das regiões mais distantes, e até do exterior, virá gente devota, outros virão em peregrinação, outros ainda por curiosidade. A certa altura, haverá proteções especiais de caráter milagroso. Todos que vierem a Paris visitarão essa cruz como se faz com uma obra de *arte* (neste ponto, Catarina, pouco versada em ortografia, escreveu *lard*, o que lhe desserve a intenção).[1]

O sublime afundava na vulgaridade, e Padre Aladel aí encontrou motivo para sorrir. Ela prosseguiu:

---

[1] No original: "...Il ne viendra pas une personne à Paris que ne vienne voir et visiter cette croix comme une oeuvre de *l'art*" (Ici Catarina, peu formée à l'orthographe, a écrit *lard*. Em vez de *l'art*, isto é, "arte", Catarina escreveu *lard*, que significa "toucinho".

Ao pé da cruz, será representada toda essa revolução, tal como aconteceu. Essa base quadrada me pareceu ter de 10 a 12 pés, e a cruz, de 15 a 20 pés de altura. Depois de erguida, ela me pareceu ter cerca de 30 pés de altura.

Dez metros não é muito. Foi a dimensão pedida nos Estados Unidos da América, em época recente, para a cruz de Santa Maria, na Califórnia. Estamos longe dos setecentos metros que Claudel desejava para uma catedral em Chicago, e dos 740 metros pedidos, em vão, pela vidente de Dozulé.

Um século e meio antes, Catarina não fora ouvida. Ela escreveu uma última vez seu pedido. Padre Aladel lhe havia ordenado não mais tocar no assunto. Ela ousou escrever:

> Meu Pai [ela conclui], eis a terceira vez que vos peço essa cruz, depois de ter consultado o Bom Deus e a Virgem Santa e nosso bom pai São Vicente. [...] Em vez de estar aliviada, eu me senti cada vez mais instada a vos apresentar tudo por escrito. Assim, por obediência, eu me submeto. Penso que não mais me inquietarei com isso. Sou, com o mais profundo respeito, vossa filha dedicada aos Sagrados Corações de Jesus e de Maria.

Durante a revolução de 1848, os amotinados carregaram em triunfo uma cruz que haviam resgatado da pilhagem das Tulherias. Aladel não mudou de opinião. O projeto foi enterrado.

É a mesma

Quando Catarina ouviu falar da aparição em Lourdes, em 1858, disse imediatamente: "É a mesma".

"O que há de mais extraordinário", escreveu Irmã Dufès, sua superiora, "é que, sem ter lido nenhuma das obras publicadas, minha Irmã Catarina estava mais a par de todo o acontecido do que as pessoas que fizeram a peregrinação".

Ela confidenciou à Irmã Tranchemer, sua companheira: "E pensar que esses milagres poderiam ter acontecido na nossa capela!".

Também teria dito à Irmã Millon: "Se os superiores tivessem permitido, a Virgem Santa teria escolhido nossa capela!".

Segundo Irmã Pineau, Irmã Dufès teria encontrado em meio aos papéis de Catarina as seguintes palavras, escritas com sua letra: "Minha Boa Mãe, aqui não querem fazer o que quereis, manifestai-vos em outro lugar!".

Nesse texto, ela expressava o desgosto com o fato de que a capela da rua du Bac não fosse aberta para o público, o que chegava a impedir a prosperidade da congregação, cuja capela era pequena demais para as numerosas irmãs e as quinhentas noviças.

A morte de Padre Aladel (1865)

Em 23 de abril de 1865, um domingo, Padre Aladel apresentou uma palestra inspirada em que lembrava as aparições do coração de São Vicente.

Dois dias depois, em 25 de abril, seus confrades estranharam-lhe a ausência, pois era famoso pela regularidade. Encontraram-no caído no assoalho, inconsciente, de rosto para o chão. Um ataque de apoplexia o abatera. Expirou nesse mesmo dia, por volta das três horas da tarde. Levava consigo muitos segredos.

Philippe Meugniot (de 20 anos), ingresso em Saint-Lazare, guardou uma viva lembrança da presença de Catarina no funeral:

> Na primeira fila, com sua superiora [Irmã Dufès]. Fiquei arrebatado com o aspecto radioso de sua fisionomia. Não sabia explicar o porquê disso [...] era um reflexo celeste da relação que ela tinha tido com o venerado defunto!

Essa serenidade não tardaria a ser perturbada por uma nova tormenta, a terceira revolução que Catarina acabaria vivendo.

A GUERRA E A COMUNA
(JULHO DE 1870 - JUNHO DE 1871)

A guerra de 1870

Em 19 de julho de 1870, o Imperador declara guerra à Prússia. Os franceses, nostálgicos da epopeia napoleônica, exultam e se exaltam. Até mesmo entre as irmãs reza-se pela vitória. Catarina não adere a esse entusiasmo. "Pobres soldados!", diz ela apenas.

Cerco de Paris

A guerra traz mal resultado, Sedan capitula. Napoleão III é feito prisioneiro. O Império cai. A República é proclamada em 4 de setembro. Os prussianos se aproximam. Catarina dedica-se aos "fogões" de Reuilly para alimentar não só os idosos do asilo, mas também o crescente número de pobres famintos. É preciso aumentar as porções até mil e duzentas por dia.

As irmãs suportam a duras penas o esgotamento. Em 11 de setembro de 1870, os superiores excepcionalmente lhes concedem a comunhão diária, da qual extraem força e paz.

Em 18 de setembro de 1870, os prussianos cercam Paris.

O sobrinho Philippe Meugniot, já então padre lazarista, vai visitar Catarina em Enghien. Ele a encontra "no ofício da porta": um pequeno compartimento da recepção que ela mantém despojado como uma cela monástica: "Ela não se estendeu sobre os acontecimentos trágicos. Sua conversa foi um pouco mais familiar que de costume. Falou-me de sua juventude...".

Nesse momento de confidências, Catarina contou-lhe que Madre Devos, superiora geral, lhe propusera um dia que fosse superiora: "Minha Mãe!", respondeu Irmã Catarina, "bem sabeis que não tenho capacidade para isso! E mandaram-me de volta a Enghien", ela concluiu.

O tom completava bem sua intenção e queria dizer: "E fizeram bem".

Catarina não teria o título de superiora, mas assim se revelaria diante dos acontecimentos.

Fome e fogão

A situação é trágica, "salas de aula e o asilo" se transformam em enfermaria. A prefeitura encarrega as irmãs de distribuir a carne às pequenas enfermarias do bairro.

Instaura-se o racionamento. Os quarenta cavalos das lojas do Bon Marché são vendidos para abate; um burro é vendido por 5 francos a libra, e mesmo a esse preço excessivo não se encontram animais desse tipo.

Em 12 de novembro, um coelho custa 20 francos-ouro; um gato, 8 francos.

Irmã Catarina, que gosta de servir fartamente, tem de ater-se à parcimônia, que tão mal suporta nos outros. Põe toda a sua habilidade em obter complementações, a ponto de os doentes a chamarem de "pão-duro". Certo dia, consegue fazer uma salada de laranjas para oitenta doentes, regada com três litros de rum, extorquidos do comandante, austero oficial de barba branca. Tal luxo disfarçava o fato de não haver uma laranja inteira por pessoa. Suas duas sobrinhas, Marthe (6 anos) e Jeanne (4 anos), de saúde delicada, a ela recorriam em busca do conforto, que ela lhes proporcionava "com a permissão de seus superiores".

"Eu me lembro de nossa alegria infantil", escreveu Marthe, ao receber dela um pão branco e uma porção de ervilhas com toucinho. Minha irmã, com uma ingenuidade de criança, suplicava: "Mais ervilha!".

Catarina reserva sua generosidade aos doentes e aos feridos. Ela própria e as irmãs precisam ater-se à porção de subsistência. Irmã Dufès preocupa-se ao vê-las "certos dias a devorar um pedaço de pão preto e mais nada, depois de um trabalho exaustivo".

Verdadeiras e falsas esperanças

A ingênua esperança de que Deus concederia a vitória, de que a medalha resolveria tudo, dominava constantemente as irmãs. Uma delas quis mobilizar a prece de Catarina. "Pobres crianças", ela respondeu. "Rezem principalmente por nossos pobres soldados, tão infelizes nessa terrível guerra!"

Diante do anúncio sempre renovado de uma pretensa vitória, ela sorria com ar incrédulo. "Pássaro de mau agouro!", protestou Irmã Tranchemer.

"Não se assuste, a Virgem Santa nos protege. Ela tem o olhar sobre nós, sobre toda a comunidade!", respondeu Catarina, que acreditava na proteção de Nossa Senhora, mas não na vitória.

Em 16 de dezembro, dois pombos-correios trouxeram uma notícia incrível: os prussianos haviam transposto o Loire. Contudo, o *Officiel* de 2 de janeiro continuava a assegurar: "Custe o que custar, não capitularemos".

As auroras boreais de janeiro/fevereiro causavam forte impressão, mas Catarina permanecia impassível.

Em 18 de janeiro foram buscar na enfermaria sob os cuidados de Catarina os feridos que já se haviam recuperado, para uma investida preparada pelos generais Trochu e Ducrot.

"Pobres cordeiros!", exclamou Catarina. "Vão ser levados ao matadouro."

Depois dos últimos combates de honra, concluiu-se o armistício, e, em 1º de março, os alemães entravam em Paris.

A Comuna (março-abril de 1871)

Uma outra guerra

Era uma paz humilhante, inquietante, ameaçadora.

"Compreende isso, Irmã Catarina? Nós capitulamos, e todos os nossos militares dizem que vamos ter guerra! Ainda mais terrível que a outra!"

Catarina não se abalou. Continuou a irradiar paz. Irmã Tranchemer julgava lembrar-se de que "a guerra civil" fora prevista. A nova revolução triunfou e, em 22 de março, a Comuna instalou-se no Hôtel de Ville (Prefeitura de Paris). Em Reuilly, as eleições da Comuna causaram furor. As toucas de religiosa deixavam de ter seu lugar naquela sociedade. A reação contra a antiga sociedade implicava anticlericalismo. As irmãs já não tinham mais lugar. Foram ameaçadas. O pessimismo abateu-se sobre elas. E eis que Catarina lhes assegurou: "A Virgem velará por nós, cuidará de tudo. Não nos acontecerá mal algum". E acrescentou: "É preciso rezar para que Deus abrevie os dias maus!".

Diante do quadro sombrio, tal afirmação de Catarina deixou Padre Chinchon, seu confessor, intrigado. Foi então que ele a fez colocar por escrito as previsões recebidas na noite de 18 para 19 de julho de 1830, entre as quais a da morte do Arcebispo, anunciada para ocorrer dentro de prazo de quarenta anos (*Vie*, p. 159, nota 24).

Um sonho

Naqueles dias Catarina reviu a Virgem Santa. Ela visitou a casa e sentou-se no lugar da superiora, dizendo: "Diga a Irmã Dufès que fique tranquila. Nada acontecerá a esta casa, ela pode partir. Sou eu quem ficará em seu lugar".

Irmã Dufès deu de ombros. Não estava pensando em partir. Tratava-se de mais um sonho fantasioso daquela boa irmã!

Numa Sexta-feira Santa (7 de abril), a situação se complicou. No hospital, onde as irmãs cuidavam de mais de duzentos soldados, denunciaram à Comuna "a presença de dois soldados".

Era verdade: tratava-se de dois feridos, mas os soldados de Versalhes que "fuzilam e assassinam os patriotas" eram sanguinários.

A multidão dirigiu-se à casa das irmãs para pegar aqueles dois homens e fuzilá-los. Foram levados ao corpo da guarda.

Irmã Dufès acorreu. E insistiu: "Esses soldados não participaram de nenhuma investida contra o povo. Estão doentes. Estão na enfermaria por recomendação médica!".

Com sua autoridade ela conseguiu o impossível. Entregaram-lhe os dois homens.

"Estão sob sua responsabilidade!"

Páscoa violenta (9 de abril de 1871)

No dia da Páscoa, Padre Chinchon fez uma última visita a Reuilly antes de partir para Bruxelas e depois para Dax. Ouviu confissão. Foi então que recolheu de Catarina as profecias do "caderno negro", cujo conteúdo impressionaria fortemente Padre Serpette, quando da chegada a Dax. Também celebrou a Eucaristia, que brilhou em meio à tormenta.

Na noite da Páscoa, um grupo armado de cem partidários da Comuna novamente invadiu a casa. No comando, estava aquele que fora promovido a chefe de uma das regiões administrativas de Paris, a do XIIe arrondissement.

A libertação dos soldados fora contestada. As irmãs resistiram, em vão.

> Seguido de outros, um guarda da unidade móvel parisiense forçou a barreira de irmãs, e começou na casa a busca dos dois proscritos que ele conhecia perfeitamente, tendo passado mais de dois meses ali. Um deles estava bem escondido. Não foi encontrado. O outro estava no leito, e Deus permitiu que o guarda da unidade móvel o visse e passasse diante dele, sem contudo reconhecê-lo. O fracasso da busca provocou exasperação.
> – Os soldados ou a superiora! – exigiu um dos invasores.
> – É ela a responsável!

Trinta irmãs (entre as quais Catarina) fizeram barreira ao redor da superiora. O drama então ganhou tons de comédia.

"Que querem que eu faça com essas andorinhas assustadas?!", zombou o chefe do XIIe arrondissement.

O gracejo salvou a situação, mas, para salvar as aparências, ele acrescentou: "Terão notícias minhas amanhã!".

Segunda-feira de Páscoa (10 de abril)

No dia seguinte, as irmãs tomaram conhecimento de que um mandado de prisão fora expedido em nome de Irmã Dufès. Ela precisava se esconder.

Assim, às onze da manhã, ela fugiu, aproveitando-se do momento em que os guardas nacionais estavam num bar. Levava consigo não Irmã d'Aragon, como previra Irmã Catarina, mas Irmã Tanguy, e as duas chegaram naquela noite a Versailhes.

Já tendo, porém, chegado, Irmã Dufès foi invadida pela ansiedade. Que ideia tivera ela quanto a levar Irmã Tanguy, que a poderia substituir melhor! Não tardaria a mudar de planos.

Catarina no quartel-general

Nesse meio tempo, era Catarina quem suportava a pressão. Enquanto Irmã Dufès fugia, ela teve a ideia genial de tomar a iniciativa de evitar o embate contra a comunidade acéfala e foi pessoalmente ao quartel-general dos insurgentes de Reuilly. Melhor discutir na casa deles do que na sua! Assim, com toda calma defendeu a causa de sua superiora diante do novo administrador daquela parte da cidade. Isso a fez lembrar-se do tempo em que seu pai era o prefeito de Fain. Mas ali, que valentões eram aqueles homens de faixa vermelha na cintura! Fosse Catarina menos firme, eles a conseguiriam abalar!

"Havia ali uns sessenta indivíduos, uns sentados ao redor de uma mesa; outros, armados de fuzis; outros comendo ou fumando, todos enrolados até o pescoço em faixas vermelhas", descreve a crônica do diário, com uma ponta de exagero.

Mal Catarina começou a fazer a defesa de Irmã Dufès, uma saraivada de invectivas caiu sobre ela. Ela suportou o ataque sem se abater, firme e calma. Esgotada a munição, ela perguntou, no primeiro momento de silêncio:

– Vocês permitem que eu me explique?

Seu laconismo lhe foi favorável.

– A superiora estava livre de obrigações, já que tinha recebido da própria Comuna os passes com selo oficial para aqueles soldados – adiantou Catarina.

– Não é verdade! Não é verdade! – contestaram com veemência. – Além disso, deveriam ter-nos avisado.

O sangue borgonhês de Catarina subiu-lhe rapidamente à cabeça.

– Como? – ela protestou. – Então cabe a nós agir como policiais? E também devemos suspeitar quando nos mostram um passe com o selo dos senhores?

Queriam pegá-la, mas Catarina apostava na ordem e na regularidade dos prestigiosos papéis em que a Comuna apunha sua honra.

– Mostre-me sua ordem, seu mandado! – disse ela.

Nesse momento, o comandante do destacamento puxou o sabre.

– Aqui está a minha ordem! Meu mandado!

Vários homens de faixa vermelha a rodearam. No entanto, um dos soldados, de quem ela cuidara na enfermaria (um homem de bom coração), levantou-se mais depressa que os outros.

"Pegando a irmã pelos dois braços, ele a arrancou daqueles homens furiosos. Fez isso com tamanha força, que a irmã ainda está com os braços roxos", relata a crônica.

Catarina ganhou!

À noite, mandaram partir os guardas nacionais que ocupavam a Maison de Reuilly.

Medalha e insegurança

Em 23 de abril os combates se intensificaram; preparava-se uma batalha para o dia seguinte. Os partidários da Comuna acorreram à casa das irmãs, mas dessa vez para pedir medalhas a Catarina. As que ela já distribuíra confirmaram a proteção. Um jovem, furioso blasfemador, queria uma para si.

– Mas você, que não acredita nem em Deus nem no diabo, para que quer uma medalha? – perguntou-lhe Irmã Tranchemer.

– É verdade – ele respondeu –, mas amanhã teremos um combate. Ela nos protegerá.

Catarina distribuiu generosamente as medalhas, sem distinção de parte nem de pessoa. A Virgem reconheceria os seus e converteria os outros.

Seu trabalho se tornara ainda mais exaustivo devido à diminuição do número de irmãs durante a tormenta: de trinta e três, ficaram reduzidas a catorze.

Na insegurança de Reuilly, ela encontrou um modo de enviar as mulheres idosas a Ballainvilliers, na casa de Irmã Mettavent; os órfãos, para famílias mais ou menos distantes; e os trinta que restavam, para a casa de convalescença de Épinay-sous-Bois (Seine-et-Marne). Irmã Milon, que para lá os levou, "a salvo de todo perigo", concluiu: "Estou convencida de que é à proteção da Virgem Santa que devemos esse feliz acontecimento, e o fato de que minha Irmã Catarina não lhe seja desconhecida".

Catarina generosamente distribui medalhas tanto para os soldados como para os partidários da Comuna.

Além disso, em 18 de abril, Irmã Tanguy retornou à casa de Enghien, o que foi um alívio para Catarina. Em contrapartida, enviaram para Irmã Dufès, Irmã Claire d'Aragon. Assim cumpria-se a previsão de Catarina.

"Já nem pensava nisso", diria mais tarde Irmã Dufès. "Mas, depois, essa constatação me impressionou muito."

As cidadãs

E vieram as cidadãs! Queriam substituir as irmãs de caridade. Iriam assumir a educação "do modo como devia ser": sem Deus e sem crucifixo.

Uma certa cidadã, ex-aluna das irmãs, improvisou-se em diretora. Mas a solidariedade dos alunos ficou com as religiosas. No começo da aula, uma das alunas se pôs de joelhos. As outras fizeram o mesmo: "Desculpe, senhora, não fizemos a oração. Nossa professora sempre nos fazia começar assim".

Catarina e a "monstruosa" Valentin

Eis que Catarina foi chamada pela Comuna de Reuilly. Duas irmãs tentaram evitar a detenção, mas dois partidários da Comuna levaram o revólver ao pescoço de uma delas e disseram:

– O cidadão Philippe a chama, mas não lhe farão nenhum mal. Eu a trarei de volta!

– Pois bem, levem-na! – respondeu a irmã. – Mas baixem as armas. As irmãs não precisam disso para caminhar.

De coração apertado, viram-na partir. Falaram em sequestro, em execução, ficaram à escuta de uma possível detonação durante duas terríveis horas.

E eis que Catarina voltou, escoltada por dois guardas. Tiveram muita consideração por ela. Se a tinham chamado, não era por causa do processo das irmãs, mas pelo de "la Valentin", para servir de testemunha de acusação.

A tal cidadã, a mais exaltada, havia ultrapassado todos os limites. A crônica a qualifica de "monstruosa". Era preciso dar-lhe uma lição. O que o tribunal esperava de Catarina era uma acusação firme: mulher contra mulher. Ao diabo o feminismo das duas! Surpresa! Catarina se colocou como testemunha de defesa e livrou Valentin da acusação. Francamente, dava-se sempre o inesperado em se tratando das irmãs! Nunca se chegava a saber de que lado estavam. E os juízes foram obrigados à misericórdia.

Última missa em Reuilly

Na noite de 23 de abril, segundo domingo depois da Páscoa, Padre Mailly, procurador de Saint-Lazare, intrépida pessoa que para tudo servia, apareceu em busca de notícias. Havia quinze dias que as irmãs não tinham missa nem comunhão. A celebração foi feita em atmosfera de profunda paz. Tendo chegado em trajes civis que lhe davam "a aparência de um artista de terceira categoria", ele pegou uma batina e vestiu-a para ouvir as confissões e rezar a missa. Também trazia consigo todo um carregamento de provisões para as famílias pobres. A distribuição começou pouco depois de sua partida.

Distribuição agitada

Às dez horas, chegaram os delegados da Comuna, enquanto duzentas pessoas faziam fila para a distribuição de alimentos.

– Parem a distribuição! – ordenaram os delegados.

– Comuniquem essa ordem os senhores mesmos. As mulheres do bairro vão nos arrancar os olhos se as mandarmos embora de mãos vazias.

– Certamente – responderam os delegados.

Dito e feito.

– A Comuna está requisitando os víveres! – eles anunciaram.

Seguiu-se um tremendo alvoroço. Os delegados precisaram recorrer a uma tropa de guardas nacionais para pegar os fardos de biscoito e de carne salgada. "A irritação popular" ganhou proporções de motim. Os delegados acabaram desistindo.

– A distribuição continua!

– Cidadãos, distribuam vocês mesmos – disseram gentilmente as irmãs.

O encargo honroso os lisonjeou. Mas a confusão e o tumulto já haviam se instaurado. O ambiente esquentou. Ninguém se entendia mais. Exaustos, sem fôlego, os delegados pediram ajuda às irmãs para apaziguar a multidão. Elas se empenharam para conseguir a calma, e a ordem voltou com a confiança. Os delegados se espantaram.

– As irmãs veem sempre cenas como essa? – perguntou um deles ao final da distribuição.

– Sim, senhor, todos os dias, diante dos fogões!

– Pois bem, espero que se divirtam muito!

Eles foram embora. Sempre calma, disse Catarina:

– Fiquem tranquilos, não acontecerá nada.

Catarina continuou a cuidar dos velhos e dos feridos. A penúria crescente a afligia, mas ela sabia fazer aceitarem sem pânico a situação.

A medalha e as faixas vermelhas

Catarina continuava cuidando da recepção, na rua Picpus, número 12, ao lado de Enghien. Era ali que era preciso ficar de olho. Felizmente, suas medalhas haviam feito sucesso. E eis que Siron, o chefe dos ocupantes, um ex-prisioneiro, foi lhe pedir uma. Catarina não fazia distinção de ninguém. E, sem dissimulação, o salteador lhe disse abertamente: "Estou completamente mudado!".

Ele haveria de se fazer defensor das irmãs.

A luta, porém, se intensificava entre Versailhes e Paris. A violência crescia. Em 28 de abril, uma facção votou pela morte do Arcebispo de Paris.

Em Reuilly, lançaram acusações contra as irmãs. Acusaram-nas de ter matado três mulheres da vizinhança. Assim, o cidadão Philippe intimou Catarina a comparecer a um interrogatório, que ela enfrentou com êxito, graças a sua calma.

No dia 28, uns homens encolerizados, armados de fuzis, invadiram a sala da comunidade. As irmãs, num total de catorze, refugiaram-se no primeiro andar, na lavanderia, bem acima deles. Através do soalho, elas ouviram os gritos e ameaças.

Viático

Elas temiam a profanação. Na manhã seguinte, uma das irmãs foi pegar o cibório na capela e deixou-o numa pequena mesa entre duas velas acesas. Em paz, fizeram a adoração enquanto esperavam a sequência dos acontecimentos. A vocação dos fiéis costuma retomar impulso em tempos de crise. Os ocupantes, porém, haviam descoberto garrafas de vinho escondidas na enfermaria. As rolhas saltaram. A investigação, estimulada por esse incidente, prosseguiu numa euforia exaltada, provocando até ameaças de morte. As irmãs sentiram que seu retiro seria violado.

Siron, porém, estava lá. Deteve o movimento e gritou através da divisória: "Não temam coisa alguma. Vão precisar passar por cima do meu corpo antes de chegarem às irmãs!".

Mas também ele tinha bebido. Além disso, deitou-se atravessado diante da porta e adormeceu sob o efeito da bebida. Os outros fizeram o mesmo.

O que fazer? À meia-noite, de 29 para 30 de abril, as irmãs comungaram e sentiram-se fortes, como Elias, para caminhar por quarenta dias e quarenta noites. Já não havia outra solução senão partir.

A coroa

Antes de deixar a casa, Catarina foi se ajoelhar uma última vez diante da imagem de Nossa Senhora. No dia seguinte seria 1º de maio: o Mês de Maria.

"Voltaremos antes do fim do mês!", disse Catarina.

As irmãs entoaram um cântico: "Nenhuma partidária da Comuna ousa intervir, nem mesmo a Valentin". Catarina retirou a coroa da imagem para evitar profanação.

"Eu a devolverei para a Senhora!", disse ela.

Os ocupantes as deixaram partir depois de as terem submetido a uma inspeção minuciosa. Esvaziaram sobre o chão a bolsa azul das irmãs, não sem zombarias.

"Não se perturbem, não acontecerá nada de grave", disse Catarina às irmãs inquietas.

O Êxodo

Às seis da tarde embarcaram num veículo coletivo e decidiram às pressas o destino que cada qual tomaria: Catarina iria para Balainvilliers, com Irmã Tranchemer. As duas ajudariam de boa vontade a corajosa dirigente daquela casa: Irmã Mettavent.

Pelo caminho, passavam Lazaristas, vestidos como "leigos, como burgueses, à paisana".

Em 18 de maio, dezesseis dias depois da chegada de Catarina a Balainvilliers, um batalhão de "vingadores da República" saqueou Notre-Dame-des-Victoires, sede da mundialmente conhecida Arquiconfraria, cuja insígnia era a medalha milagrosa. Declarou Catarina: "Já chegaram a Notre-Dame. Não irão adiante".

A Cécile Delaporte, roupeira de Reuilly, ela confirmou tranquilamente: "A Virgem Santa guarda nossa casa. Nós a encontraremos intacta!".

A morte do Arcebispo

Em 21 de maio, as tropas de Versailhes entraram em Paris pela porta de Saint-Cloud. Dom Darboy, Arcebispo de Paris, refém da Comuna, foi fuzilado com outros vinte e um padres. Assim se realizava uma das previsões de Catarina registradas no famoso caderno negro guardado por Padre Chinchon.

Paroxismo e proteções

Em 27 de maio, Irmã Tranchemer, que voltava de Longjumeau, viu o clarão do incêndio no centro de Paris e exclamou: "Paris está em chamas! O que será da casa-mãe?".

Catarina mostrou-se imperturbável: "Nada tema por nossas casas, a Virgem Santa as protege. Não tocarão nelas!".

E apesar das condições dramáticas (que não cabe aqui relatar), foi bem o que aconteceu.

Em 28 de maio, o exército de Versailhes dominava Paris.

Retorno a Enghien (31 de maio)

Irmã Dufès, avisada em Toulouse, reencontrou em Versailhes as companheiras de Balainvilliers, Catarina e Irmã Tranchemer. Desejavam voltar desde a terça-feira, dia 30, mas, como precisavam de autorização, custou-lhes tempo obtê-la. A partida foi então adiada para o dia 31. Às cinco da manhã, assistiram juntas à missa. Logo cedo toda a comunidade já estava de volta, menos Irmã Claire, que por estar no sul do país só retornaria em 6 de junho.

Catarina encontrou a imagem do jardim coberta por um pano vermelho e logo devolveu à Virgem da capela a coroa retirada em 30 de abril.

"Bem que vos disse, minha boa Mãe, que voltaria para vos coroar antes do fim do mês!"

A casa estava em desordem, mas os danos eram insignificantes. Irmã Dufès relembrou o sonho de Catarina e a promessa de Nossa Senhora: "Protegerei a casa. Vocês estarão de volta antes do fim do mês de Maria!".

As duas famílias de São Vicente foram incrivelmente protegidas.

Foi com alegria que Catarina reencontrou seus velhinhos, que durante o mês de maio muitas vezes repetiram aos cidadãos-enfermeiros: "O que Irmã Catarina fazia, nós faremos".

Ela teria só mais seis anos de vida.

DECLÍNIO OU OS ÚLTIMOS ANOS
(1871-1876)

As atividades e os dias

Catarina já passava dos 65 anos, mas levantava-se sempre ao som do sino, às quatro da manhã. Sua velhice era robusta; sua prece, exemplar e sóbria. Mantinha-se ereta, imóvel, mãos apoiadas no genuflexório, olhar transparente, fixado no tabernáculo ou na imagem de Nossa Senhora.

A decana

Em 25 de novembro de 1871, Catarina tornara-se havia quatro dias a decana da comunidade de Enghien, em Reuilly. Nesse dia de Santa Catarina,[1] ela foi homenageada pelo seguinte poema improvisado e de versos simples:

> *Se no céu celebra-se uma santa bendita,*
> *Na terra festeja se uma irmã querida:*

---

[1] Catarina de Alexandria. [N.T.]

Nosso amor envolve a decana de Enghien
A quem gostaríamos de conosco sempre ter.[2]

Catarina foi mais sensível à seguinte homenagem, que um dos idosos lhe dirigiu em nome de todos os outros: "A irmã é boa para com todos. À mesa, sempre nos pergunta: 'Está satisfeito?'".

Catarina tornara-se decana devido ao falecimento de Irmã Vincent Bergerot, de 75 anos, nascida no século anterior: a cozinheira parcimoniosa que fora para ela uma provação, quando de sua chegada na casa. Mas Catarina não desfrutava da veneração que dedicavam à Irmã Bergerot. Sua santidade rude não satisfazia. Sua simplicidade parecia excessiva. A idade avançada não lhe proporcionava uma auréola. Ela continuava não tendo voz no capítulo para as decisões comunitárias.

Certo dia, sua sobrinha, Léonie Labouré, lhe perguntou: "Tia, como é que continuas sempre na mesma casa há mais de quarenta anos?". "Só as irmãs inteligentes é que são transferidas!", respondeu Catarina, que não era tola.

Para Catarina, continuavam as intuições, as intercessões, as delicadezas.

Na primavera de 1872, chegaram a Reuilly duas postulantes: em 10 de maio, Gabrielle de Billy, de classe social elevada; e em 25 de junho, Marie Lafont, filha de um agricultor de Aurillac, que guardava uma calorosa lembrança da velha irmã.

Durante o período de ambientação das postulantes, a norma lhes permitia passeios com a família. No final de junho, uma caleche parou diante do número 77 da rua de Reuilly. O senhor

---

[2] No original:
Si dans les Cieux on chante une sainte bénie,
On fête aussi sur terre une soeur bien chérie:
La doyenne d'Enghien qu'entoure notre amour,
E que nous voudrions garder toujours, toujours.

e a senhora de Billy tinham ido, com o cocheiro, pegar a filha para um passeio à tarde. Maria, a pequena camponesa, ia ficar sozinha. Isso passou rapidamente pela cabeça de Catarina, e ei-la já diante de Irmã Dufès com um pretexto para ir à rua du Bac. A menina não conhecia nada melhor por ali! A permissão foi concedida. Catarina acrescentou: "Eu poderia levar a menina?".

Catarina seria para ela como uma mãe atenciosa, haveria de tranquilizá-la diante das primeiras inquietações na vida comunitária (*Vie*, pp. 188-190).

Em dezembro de 1873, seu sobrinho Philippe Meugniot, de 29 anos, confidenciou-lhe uma preocupação. Ele acabava de ter sido nomeado superior do pequeno seminário de Saint-Pons, na diocese de Montpellier. E a casa estava em dificuldades.

"Reze para que isso não aconteça!", ele pediu a Catarina.

"Rezarei para que seja feita a vontade de Deus", ela respondeu tranquilamente.

A vontade de Deus se confirmou. Philippe lembrou-se então da previsão que Catarina fizera, quando ele era menino: "Se quiser ir à casa daqueles senhores... poderá tornar-se superior".

E, excepcionalmente, ele se tornou superior antes dos 30 anos.

Em janeiro de 1873 morreu Tonine. Catarina havia pressentido em sonho essa morte, o que confidenciou a Marie-Antoinette, filha de Tonine.

"Eu acabava de morrer", contou-lhe Catarina, "e chegava ao céu. Lá encontrei sua mãe!"

Nessa altura, nada indicava o fim de Tonine.

"Mas, tia, não é para acreditar em sonhos!", respondera Marie-Antoinette. "É superstição!"

"Há sonhos e sonhos", respondera sentenciosamente Catarina.

E eis que essa previsão se realizou. Em meados de janeiro de 1874, Tonine caiu em uma espécie de coma. Tendo sido avisada, Catarina foi vê-la em 16 de janeiro, às treze horas, e pediu para ficar a sós com a irmã. As duas filhas ouvem conversa no aposento, o que dura certo tempo. Uma hora depois, Catarina reaparece: "Vão ver a mãe de vocês, ela quer lhes falar".

Catarina retomou o caminho para Enghien, ao encontro de seus desafortunados e seus idosos. Tonine então dirigiu às filhas suas últimas palavras. Em 20 de janeiro, às quatro horas da manhã, dava o último suspiro.

Nesse mesmo ano de 1874, Catarina fez as duas sobrinhas entrarem na escola das irmãs, no número 77 da rua de Reuilly. Certo dia, ela as levou a passeio. Para as duas foi uma festa. Mas Catarina também queria agradar a outra pessoa. O caminho escolhido passava pelo hospital dos Frades da Caridade, na rua Oudinot, onde estava seu irmão Charles, vindo de Borgonha, para ser operado de cálculo renal. As duas jovens, que não conheciam o velho tio, guardaram uma radiosa lembrança dessa tarde que passaram com a tia.

Visita ao superior geral

Em 12 de março de 1874, morria Padre Étienne, o superior-geral. O último suspiro se deu precisamente às onze horas, com lucidez e sem agonia. Três dias antes, ele pedira a unção dos enfermos e a recebera na presença de toda a comunidade.

"Eu amei as duas famílias de São Vicente!", ele disse a todos.

Fora ele responsável por uma grande expansão. Contudo, não autorizara nem a abertura da capela da rua du Bac nem a invocação de Maria como Rainha do Universo, pedida com insistência por Catarina.

"Pois bem, Irmã Catarina, a Virgem Santa lhe disse quando ela gostaria de ser honrada com esse título? Quando ela lhe disser, faremos o que for preciso. Reze para isso!"

Seu sucessor, Padre Boré, eleito em 11 de setembro de 1874, convocou Catarina e a interrogou com os "superiores maiores" a respeito das revelações com que ela fora honrada em 1830.

Disso resultou em torno dela uma espécie de aura que contribuiu para acentuar sua reputação de santidade, assegurou Padre Chinchon, seu confessor.

No entanto, esse interrogatório inesperado a desconcertou. Ela pouco falou e não atendeu às expectativas.

Foram anos difíceis que se seguiram, ensombrecidos pelas execuções dos partidários da Comuna, e assim foi até 6 de junho de 1874. Sem concessão, em 1871, os doentes e feridos da Comuna cuidados pelas irmãs haviam sido levados à força. Elas só puderam prepará-los para a morte, que eles aceitaram de modo comovente.

Em 1875, um padre, o Abade Olmer, bateu à porta da qual Catarina era encarregada. Esse homem de muitas obras e grande valor era o pároco construtor de Sainte-Radegonde. Catarina então o surpreendeu com a seguinte saudação:

– Bom-dia, senhor pároco da Imaculada Conceição!

– Mas ainda não sou pároco!

– O senhor será!

– Sim, mas a paróquia se chama Sainte-Radegonde!

– Ela se chamará Imaculada Conceição.

Padre Olmer foi ali designado pároco dois anos depois, em 29 de dezembro de 1877. Era a primeira igreja de Paris dedicada a esse mistério.

Catarina continuava atormentada com o fato de que a capela da rua du Bac não fosse aberta para as peregrinações. Ao ouvir falar da cura de uma surda-muda em Lourdes, ela suspirou: "E pensar que esses milagres todos deveriam acontecer na nossa capela!".

Ela também lamentava que a medalha fosse negligenciada.

– Há no noviciado irmãs que não a usam! – disse ela à Irmã Cosnard.

– Como sabe?

– Ah, pergunte e ficará sabendo.

"Cheguei à conclusão de que ela estava certa", declarou Irmã Cosnard.

Catarina exortava a que "rezassem muito" e "com espírito de penitência e sacrifício".

"Costuma-se muito pedir o que se quer, mas não se pede o bastante aquilo que o bom Deus quer", disse ela à Irmã Tranchemer.

O marechal de Mac Mahon foi eleito presidente da República em 24 de maio de 1873, e sua esposa tornou-se amiga da casa. Essa mulher forte, generosa e discreta veio sem aparato. Confidenciaram-lhe quem era a vidente, e Irmã Dufès arranjou um pretexto para apresentá-la. Dessa vez, Catarina não se esquivou. Alguns dias antes, uma pobre mulher fora lhe pedir 60 francos (soma que não havia na casa) para pagar o aluguel, senão seria despejada. Catarina contou o drama à esposa do marechal, que, de bom coração, lhe arranjou os 60 francos.

Simples servidora

Em 1874, Irmã Dufès retirou de Catarina a responsabilidade pela enfermaria de Enghien. Voltava Catarina a ser simples servidora, sob a autoridade de Irmã Angélique Tanguy, que a partir de então assumia seus encargos, mas com o título de assistente.

É difícil passar a ser subalterno no lugar em que se era chefe. Catarina, apesar do temperamento forte e da teimosia natural, fez isso de maneira exemplar. Ela apoiou a assistente contra aquelas que não queriam a mudança.

"Fique com as chaves!", as irmãs sugeriram a Catarina.

Irmã Tanguy, que passava, surpreendeu a conversa e preocupou-se. À noite, ficou atenta aos passos de Catarina e ao ruído das pesadas fechaduras, ampliado na noite. Mas eis que depois do último clique, o passo calmo de Irmã Catarina se aproximou, e ela deixou o molho de chaves perto do leito da nova assistente, em meio ao grande silêncio que só seria rompido com o sino matinal.

No dia seguinte, no refeitório, o lugar de Catarina estava onde sempre estivera, perto da superiora, Irmã Dufès, por respeito à mais velha das irmãs.

Catarina não se manifestou. Ao final da refeição, porém, foi falar com a encarregada do refeitório, Irmã de la Haye Saint-Hilaire (de 28 anos): "Troque, por favor, minha posição na mesa e dê meu lugar à irmã assistente... Fico cansada de ter que vir para este lado!", disse Catarina, ocultando sua verdadeira motivação.

Isso não lhe poupou os espinhos do cotidiano.

Certa vez, Catarina, sempre generosa, distribuiu aos idosos "algumas porções que havia a mais". A assistente passou e a censurou. Catarina calou-se e não se justificou, mas, diante da inquietação de sua companheira de distribuição (Irmã Cantel), ela explicou: "Não se preocupe, estou conforme as regras, tenho minhas permissões!".

Ela fizera isso com a concordância da superiora, compreendeu Irmã Cantel, mas não quis se prevalecer de tal fato.

Àquelas que resmungavam ou reclamavam, Catarina dizia imperturbavelmente: "Irmã Angélique disse, e basta!".

Seria a essa tensão oculta que se referia a seguinte reflexão de Catarina, feita à Irmã Tanguy?

"Tive grandes tormentos, grandes dificuldades. Houve um momento em que pensei em pedir que me mudassem de casa. Rezei, consultei meu confessor, e acabei ficando."

Pedagoga flexível

Confiaram-lhe a adaptação das irmãs pouco preparadas para o serviço com os idosos.

Irmã Jeanne Maurel, que, além de tímida, vinha de uma família que não a havia educado para o trabalho material, guardou uma profunda lembrança dos ensinamentos que Catarina lhe proporcionara em sua chegada a Reuilly, em outubro de 1875. Ela se sentia incapaz, mas Catarina lhe disse: "Não importa o que diga, é você quem me substituirá!".

Ela lhe ensinou a paciência e a prece para tal ou qual idoso que precisasse ser convertido.

"Eu adorava me pôr em seu lugar na capela quando ela não estava", comenta Irmã Maurel. "Uma das irmãs me advertiu por causa disso. Mas eu queria aquele lugar porque, para mim, era uma santa que ali rezava, e, ali ficando, eu rezava como se estivesse no túmulo de uma santa!".

Ela também lhe ensinou a não se queixar dos erros das irmãs que complicavam suas tarefas.

"É preciso tudo entregar ao bom Deus!"

"É o que ela faz", logo compreendeu Irmã Maurel, que admirava sua paciência com a rabugenta Blaisine, sempre de trato difícil.

"Não permita que ela lhe fale desse jeito!", protestou Irmã Maurel.

"Deixe! Devemos poupá-la; fora daqui ela não seria nada."

Sopa com leite e paciência

Certa vez, uma jovem irmã que gostava de zombar dos outros, a quem chamavam "a tolinha", conseguiu armar uma cilada para fazer Catarina falar da aparição da medalha. Em plena hora da recreação, disse ela diante de Catarina, debruçada sobre o tricô, à direita da assistente: "Aquela que teve a visão só viu um quadro!".

Essa irmã repetia as palavras de Padre Aladel, em sua nota (n. 52), mas com um tom de ceticismo e de deliberada provocação. Catarina reagiu antes de refletir. O sangue subiu-lhe ao rosto: "Minha cara, a irmã que viu a Virgem Santa a viu em carne e osso, como você e eu somos!".

Irmã Tanguy, que presidia a recreação, desviou, nervosa, a conversa. Dessa vez, Catarina se traíra, mas não fora além disso. Logo se lançou de novo em sua ocupação e em seu silêncio habitual.

Certo dia em que, excepcionalmente, Catarina defendia um ponto de vista que lhe era caro, a superiora interveio: "Vejo que você sustenta com energia suas opiniões!".

Irmã Catarina se pôs de joelhos no meio do pátio e pediu perdão: "Bem vejo que não passo de uma orgulhosa".

A lembrança mais viva de Irmã Maurel era o seguinte conselho de Irmã Catarina em momento de dificuldade: "É preciso ter confiança".

O anonimato cada vez mais precário

Catarina precisava empenhar-se cada vez mais para defender silenciosamente seu segredo.

A *indiscrição de Irmã Mauche*

Antoinette de Montesquieu de Fezensac, uma das irmãs, ouviu de Irmã Mauche, uma das educadoras da rua du Bac, que a vidente "supostamente seria" Irmã Catarina Labouré. Irmã

Antoinette não sossegou enquanto Irmã Mauche não mostrasse quem era. "É essa a irmã de quem lhe falei!"

"Bem feliz", ela contou, "mostrei Irmã Catarina a uma companheira: 'É ela!'. Irmã Catarina percebeu e fez uma expressão severa. Isso me desconcertou completamente e não ousei mais olhá-la".

Da parte do arcebispado

Monsenhor Fages, futuro vigário-geral, então secretário particular do coadjutor, Monsenhor Richard, foi a Enghien com o Abade Odelin especialmente para desvendar o famoso segredo. Tendo-se informado da hora em que a própria Catarina cuidava da recepção, começou a executar seu plano de abordagem. Ela, porém, o viu chegar com seus sapatos de fivela e, adiantando-se, foi logo dizendo: "Quer passar, senhor abade? Pois entre!".

Mas como os dois eclesiásticos insistissem: "Vou conduzi-los a minha superiora. Ela lhes responderá".

Irmã Marie-Louise de la Haye Saint-Hilaire (de 30 anos), que recebia amigos, o conde e a condessa de Avenel de Nantré, julgou poder compartilhar com eles (discretamente) o segredo da casa. Apontou então Catarina, mas o conde, não tendo entendido que se tratava de uma confidência, aproximou-se com reverência da vidente: "Irmã, fico feliz em ver e saudar aquela que recebeu a graça de ter a visão da medalha milagrosa!".

Tentaram detê-lo. Alertaram-no de seu erro, enquanto Catarina "sacudia a cabeça e simulava grande espanto".

Irmã Dufès soube do incidente. Irmã Marie-Louise foi pedir desculpas: "Minha jovem", me disse Irmã Catarina, com bondade e muita doçura, "não deve ir falando assim a torto e a direito!".

E ela não ficou ressentida com esse pequeno incidente.

A grande confidência
(primavera de 1876)

Tensão com Irmã Dufès

No início de 1876, as anotações anuais de Irmã Dufès sobre Catarina registram laconicamente seu declínio: "Saúde muito má. Ela não se levanta" (entenda-se: às 4 da manhã, hora regulamentar).

As duas anotações seguintes registram a tensão entre elas: "Caráter muito vigoroso. Inteligência passável".

Em outras palavras, Irmã Dufès nem sempre esteve de acordo com ela, o que lança uma sombra sobre a anotação, apesar da docilidade de Catarina. Mas tudo termina com uma homenagem irrestrita: "Piedade firme, cumpre muito bem suas funções".

O elogio tem peso, pois as anotações de Irmã Dufès são implacáveis. Mas, se Catarina "cumpre muito bem suas funções", isso se dá com uma luta contra a fadiga que a cada dia aumentava. "Não vou além deste ano", ela passou a dizer.

Catarina empregava bem suas forças, sem tréguas. Continuava acolhedora e discreta na recepção, onde mantinha um despojamento de cela monástica. Acatava as incisivas críticas de Irmã Dufès e, quando a repreensão erguia uma barreira entre as duas, ela própria, com humildade, ia retomar contato, como se nada fosse. Encontrava de algum modo dentro de si permissão para certos pedidos (aqueles que a irmã superiora nunca recusava). Batia à porta do "gabinete" e perguntava: "Irmã, poderia ter a bondade de me conceder permissão para isso?".

A permissão era dada. O contato era retomado. A superiora ficava contente com seu gesto de bondade, e isso tranquilizava sua consciência no tocante ao que "a levava" a testar assim Catarina. Causava espanto que "o orgulho dos Labouré" houvesse decrescido tanto. Bernadette não conseguiu encontrar esse recurso diplomático com Madre Marie-Thérèse Vauzou. Um muro de silêncio se estabeleceu entre elas.

Mudança de confessor

Nessa primavera de 1876, Catarina bateu à porta do gabinete de Irmã Dufès:

– A irmã teria a bondade de permitir que eu vá ver Padre Boré?

Tratava-se do superior-geral.

– Só isso?

Catarina prosseguiu calmamente:

– Ele afastou de nós o confessor Padre Chinchon, e preciso, como dever de consciência, me dirigir a ele. Gostaria de pedir permissão para ir vê-lo.

Catarina não queria multiplicar as confidências. A discrição o exigia. Padre Chinchon estava a par de tudo, e eis que ele fora designado exclusivamente para a formação de estudantes. Catarina sentia seu fim se aproximar e queria resolver com seu confessor aquilo que ainda a atormentava: os últimos deveres de sua missão, recusados havia quarenta anos.

Padre Jules Chinchon,
o confessor.

Padre Eugène Boré,
o superior-geral.

Padre Chinchon era mais acessível que Padre Aladel, mas permanecera até então reticente. No entanto, era com ele que era preciso concluir a questão, e ele teria mais poder do que qualquer outro para levar tudo a bom termo.

Entre 1864 e 1873, recordava Irmã Cosnard, Padre Chinchon humilhara publicamente Irmã Catarina (numa reunião de irmãs). Ele a criticara por querer apresentar sonhos como realidade e lançar ao ridículo toda a comunidade. Irmã Catarina permaneceu humilde e tranquila em seu lugar, sem nada responder nem manifestar descontentamento. Era muito comovente.

Contudo, depois disso e em meias palavras, certa confiança se estabelecera entre a dirigida e o novo confessor. Além disso, Padre Chinchon solicitava por vontade própria as preces de Catarina: "Faça uma comunhão na intenção de meus alunos e noviços".

Catarina começara a preparar o terreno para conseguir o que ainda faltava: o altar e a imagem da Virgem com o globo, a serem erguidos no lugar da primeira aparição.

As irmãs se espantavam com o fato de que Catarina, tão lacônica, fizesse confissões prolongadas a ponto de tornar longa a espera de quem estava na fila.

– Irmã Catarina, você que é tão direta em tudo, por que demora tanto em suas confissões? É assim tão meticulosa? – alfinetou uma das irmãs.

– Minha cara, cada um sabe de si. E pronto!

Ela sentia não ter mais forças para explicar tudo desde o começo.

A recusa do superior

Por causa disso, em maio de 1876, Catarina ousou pedir uma audiência com o superior-geral, com a qual Irmã Dufès acabou consentindo. A audiência foi um fracasso.

"Sem exceções. Sem precedentes!", concluiu Padre Boré.

No dia seguinte, às dez horas, Catarina voltou a Reuilly com os olhos cheios de lágrimas. Não compreendia como Nossa Senhora podia permitir mais esse contratempo, depois de mais de quarenta anos de paciência.

"Mas eu precisava falar com esse confessor!", disse ela à Irmã Dufès. E acrescentou: "Não viverei mais muito tempo, preciso falar. Chegou a hora. Sabe de quê, não?".

Era uma deixa que Catarina lançava para sua superiora. Comovida, Irmã Dufès respondeu: "Minha boa Irmã Catarina, creio que sim, foi você quem recebeu a medalha milagrosa, mas por discrição nunca lhe falei disso".

"Pois bem, irmã, amanhã vou consultar a Virgem Santa em minha oração. Se ela me permitir falar, eu a mandarei chamar às dez horas. Vá a Enghien, ao locutório, onde ficaremos mais tranquilas."

Que audácia teria levado Catarina a convocar assim sua superiora?

Mas dessa vez foi Irmã Dufès quem se sentiu atormentada: "Acha que vou ficar na ansiedade até amanhã de manhã?".

Naquele dia, depois da oração, Catarina fez-lhe um sinal. Irmã Dufès acorreu. "A conversa começou às dez horas e só terminou ao meio-dia." Irmã Dufès maravilhou-se de ver Catarina, tão pouco loquaz, exprimir-se "com precisão e facilidade". Ela retomou o relato das aparições, em parte desconhecidas, principalmente a da Virgem na poltrona, de 18 de julho de 1830. A superiora, tão agressiva com Catarina, sentiu o coração derreter-se, ela que até então se fechara em atitude de defesa:

"Tive o impulso de lançar-me a seus pés para pedir-lhe perdão por tê-la conhecido tão pouco".

– A irmã foi tão favorecida!

– Fui apenas um instrumento – respondeu Catarina. – Não foi por mim que a Virgem Santa apareceu. Se ela me escolheu, a mim que não sei de nada, foi para que não duvidassem dela.

Nesse ponto, como frequentemente se dava, Catarina fez eco a São Vicente, que dizia: "Fui escolhido porque eu não era nada, para que ninguém duvidasse de que tão belas coisas fossem obras de Deus".

A Virgem com o globo

Irmã Dufês não ficou menos perplexa diante do pedido de Catarina: um globo nas mãos da Virgem Santa? Já havia um sob seus pés. E o que seria dos raios da Virgem com as mãos abertas...?

– Vão dizer que você é louca!

– Não seria a primeira vez. Padre Aladel me chamava de "criatura astuciosa", quando eu insistia nisso!

Irmã Dufês compreendeu o sentido: tratava-se de um gesto protetor de Maria Mãe e Rainha de todo o Universo. Sentia-se, porém, confusa:

– E o que acontece com esse globo?

– Vi só os raios que saíam de suas mãos – respondeu evasivamente Catarina.

Irmã Dufês ficava cada vez mais perplexa.

– E o que será da medalha se publicarmos isso?

– Não se deve mexer na medalha milagrosa!

– Mas, se Padre Aladel não aprovou, ele devia ter suas razões!

– Esse é o martírio da minha vida! – confessou Catarina, que não se conformava com tal omissão.

Irmã Dufès não conseguia entender como Catarina conciliava as duas imagens. Dizer que eram imagens sucessivas teria esclarecido tudo. Mas essa explicação não foi dada, haja vista o silêncio de Aladel, de Padre Chinchon e de Irmã Dufès quanto a isso.

Irmã Dufès insistiu:

– Quem poderia confirmar uma novidade tão insólita, já que Aladel nunca disse coisa alguma a respeito?

– Fale com Irmã Grand, superiora em Riom. Quando ela estava na secretaria, trabalhou com Padre Aladel.

Irmã Dufès estava perplexa e não julgava que Catarina fosse infalível em suas intuições. Certa vez, pouco tempo depois da Comuna, não tivera ela a ideia de que se encontraria em Reuilly, a 1,50 m de profundidade, "uma pedra plana como uma pedra tumular" e que haveria ali o suficiente para "construir uma capela" ou, antes, "uma igreja". Escavaram o local e nada encontraram além de um poço tampado que teria obrigado a descer mais dezoito metros sob a terra.

– A irmã se engana! – disse-lhe nesse dia Irmã Dufès, ao que Catarina humildemente respondeu:

– Pois bem, irmã, eu me enganei. Julgava falar a verdade. Conforta-me que saibam de tudo.

Algum tempo depois diriam que a premonição de Catarina relacionava-se à pedra da cripta onde ela seria enterrada em Reuilly, lugar que se tornaria fonte de graças, de fulgurância e bênçãos para a comunidade. Ao menos foi assim que Irmã Dufès haveria de entender depois. Mas por enquanto ela só pôde perguntar, perplexa: Catarina não estaria novamente equivocada?

Irmã Grand, no entanto, confirmou: Catarina de fato pedira a Padre Aladel, em 1841, a imagem da Virgem com o globo.

> Sim, cara Irmã Dufès, nossa doce Rainha apareceu, com a esfera do mundo nas mãos virginais e benditas, aquecendo-a com seu amor, segurando-a diante de seu coração misericordioso, olhando-a com inefável ternura. Ainda tenho um esboço desenhado há muito tempo representando-a assim.

Irmã Grand fez em seguida uma defesa calorosa, mas pouco clara, da harmonização entre as duas visões, com e sem o globo.

Diante disso, a eficaz Irmã Dufès passou à execução. Levou Catarina à rua du Bac, depois de um almoço antecipado, e, enquanto a comunidade da casa-mãe permanecia no refeitório, ela anotou todas as indicações topográficas: do lado direito de quem olha para o altar, no lugar onde se encontra o quadro de São José. Irmã Dufès submeteu então o pedido ao superior, que declarou:

> Isso está fora de questão! Duas imagens da Virgem trariam demasiadas dificuldades em esferas mais altas. Mas nada impede que o modelo seja executado para a casa de Reuilly, a título privado.

Irmã Dufès tomou então as providências necessárias, conforme as indicações de Catarina: "Nem demasiado jovem, nem demasiado sorridente, mas com uma seriedade misturada à tristeza, que desaparecia ao longo da visão, quando o rosto se iluminava de clarões de amor, principalmente no instante de sua prece", traduziu Chevalier.

Irmã Dufès encomendou a imagem a Froc-Robert e mandou Catarina aprovar a execução do modelo, o qual desaprovou.

"A senhora é a irmã das aparições?", perguntou o escultor.

Isso bastou para encurtar o diálogo. Catarina se esquivou com o ar aturdido que fazia em ocasiões desse tipo.

Esse confronto entre uma camponesa e um artista provocou o riso daquela que a acompanhava: "Mas o que é que ela está fazendo? Perdeu a cabeça?".

Catarina não conseguia esconder sua decepção. Não era nada daquilo. Irmã Dufès percorreu com ela as lojas de Saint-Sulpice a fim de tentarem encontrar um modelo. Em vão.

Algumas semanas depois, a imagem foi entregue. Irmã Dufès não a colocou na capela, mas em lugar discreto, em seu gabinete de trabalho. Irmã Catarina foi convidada a ir até lá. Os principais detalhes da descrição foram escrupulosamente executados: o globo dourado encimado de uma cruz, a serpente esverdeada sob os pés da aparição. Catarina, porém, contraiu o rosto. Um pouco decepcionada, Irmã Dufès a admoestou: "Não se deve ser tão inflexível. Os artistas do mundo não conseguem executar aquilo que não viram!".

João Paulo II na capela da rua du Bac (31 de maio de 1980).

Foi para Catarina o fim de um tormento que se transformava em martírio. Estava pronta para a partida, que sentia próxima.

Somente depois de sua morte a imagem da Virgem com o globo seria colocada na capela da rua du Bac. João Paulo II deteve-se especialmente diante dessa Virgem que protege o mundo.

Qual teria sido a importância dessa vitória póstuma? Não se sabe, pois essa imagem não exerceu influência nem teve frutos sequer um pouco comparáveis aos da medalha. Mas Catarina tinha seus motivos. Ela tinha percebido a proteção maternal de Nossa Senhora para com o mundo. Era preciso expressá-la.

A *última vez*

A cada grande solenidade, Catarina passara a dizer: "É a última vez que celebro esta festa".

Isso se tornara um refrão.

"Sempre repetindo a mesma coisa", pensavam.

Ela, porém, não declinava a olhos vistos. Continuava bem composta, mas perseverava nessa ideia. E disse ainda a mesma coisa em 15 de agosto, festa da Assunção, à sobrinha Marie-Antoinette Duhamel, que a foi visitar com duas sobrinhas pequenas. Catarina deu santinhos à mais velha que iria fazer primeira comunhão no ano seguinte.

– Ainda é cedo – espantou-se Marie-Antoinette.

– Minha jovem, no ano que vem não estarei mais aqui.

– É mesmo cedo demais – reforçou Marthe [a mais velha]. – Só vou fazer primeira comunhão em maio!

– Eu sei, mas não estarei mais aqui. Prefiro dar isso a você agora!

– Mas a senhora está tão bem quanto sempre esteve – acrescentou Marie-Antoinette.

– Não querem acreditar em mim! – disse bem-humorada Catarina, sem abandonar sua convicção. – Vocês vão ver!

Em 8 de setembro, seu sobrinho Philippe Meugniot a visitou. Não sabia que era a última vez. Irmã Dufès então lhe revelou o segredo de Catarina. Ele o desconhecia e não ousou falar-lhe a esse respeito. Já o coração e a falta de ar oprimiam Catarina. Mas, por ele, ela sentou-se no leito. Ele se espantou com a calma da tia, que mencionou com bom humor seu repouso forçado (que lhe era penoso): "Estou aqui como uma rainha".

Em fins de setembro ela continuava de cama.

Um outono radioso

Em outubro, Catarina se levantou e retomou pequenas atividades.

"Mas ela está ficando maluca", começaram a dizer.

Catarina tinha os ouvidos atentos.

"Disseram coisas parecidas a respeito de Nosso Senhor", ela murmurava.

Quando lamentavam as dores que Catarina sentia nas pernas, ou ainda outras, ela dizia: "O bom Deus bem merece que a gente sofra por ele".

Catarina já estava desobrigada de atividades regulares, mas ainda cuidava da recepção e lavava alguma roupa. Visitava o vestiário dos idosos e cuidava da alimentação, cujos problemas, depois de quarenta e seis anos, ela conhecia tão bem. Que cada um tivesse o que lhe fosse necessário!

Sua experiência era passada às mais jovens. Irmã Cabane, a cozinheira, a via chegar "todos os dias, antes de cada refeição, para se certificar de que tudo estava a contento". Às vezes ela a lembrava de pequenos detalhes, com muita "bondade": "Veja como fazíamos". E acrescentava, dando estímulo: "Se encontrar alguma dificuldade, não se assuste; eu tive várias!".

Em 30 de outubro de 1876, pegou a caneta para registrar as confidências que lhe fizera Nossa Senhora quando sentada na misteriosa poltrona, na rua du Bac: "Minha jovem, o bom Deus quer deixá-la encarregada de uma missão...".

Nessa mesma época, disse ela a Irmã Millon:

– Morrerei antes do próximo ano e não precisarão de carro fúnebre para me levar ao cemitério!

– Está brincando, Irmã Catarina?

– Você verá, minha cara!

Último retiro, na rua du Bac

Em 5 de novembro de 1876, Catarina ainda estava forte o bastante para fazer seu retiro na casa-mãe. Levaram-na de carro, passando pelas ruas enfeitadas pelas folhas douradas de outono. Mostrou-se corajosa. Acompanhou todos os exercícios e permaneceu de joelhos, como as irmãs mais jovens, apesar da artrite e do inchaço.

"É meu último retiro", vivia repetindo.

Sorriam. "Modos de pessoa idosa que quer receber agrados", diziam. Mas ela afirmava isso sem afetação.

Visitou a irmã mais velha, Marie-Louise, na enfermaria da casa-mãe e não gostou de vê-la acamada, apesar de octogenária.

"Você se preocupa demais. Acho que, se você quisesse, poderia se levantar."

Não que lhe faltasse compaixão pelos enfermos. Pouco antes, ao visitar um irmão doente no hospital de Riboisière, foi logo descendo do carro a fim de ajudar a irmã mais velha. Na pressa, torceu o pulso, o que não a impediu de fazer a visita de boa vontade, com a mão enfaixada. Mas Catarina sabia também o quanto custava, na velhice, levantar o velho esqueleto. Já não era como em Fain, na juventude.

Tinha longas conversas com Irmã Cosnard, uma das que sabiam de seus segredos, uma amiga com quem podia verdadeiramente contar. Ela sabia fazer Catarina falar expressando-se na terceira pessoa.

Catarina lhe confirmou:

> Quando ela apareceu a uma de nossas irmãs, a Virgem Santíssima tinha nas mãos o globo do mundo. Ela o oferecia. [...] Nenhuma gravura das aparições a representa assim. No entanto ela quer que o façam, ela quer um altar no local em que apareceu.

No último dia do retiro (14 de novembro), Catarina pediu a Irmã Cosnard: "Leve-me ao noviciado!".

Era a hora da recreação, quando não havia ninguém. Ela queria rever pela última vez os dois quadros das aparições, pintados por Lecerf, em 1835, cuidadosamente feitos conforme suas indicações. Ajoelhou-se, rezou, levantou-se (não sem esforço) e contemplou longamente as pinturas que Aladel lhe mostrara trinta e um anos atrás. Demorou-se assim. A certa altura, o toque do sino indicou o fim da recreação. As jovens entraram no recinto e observaram a visitante de olhos azuis. Uma delas a reconheceu: "É a irmã que viu a Virgem Santa!".

Catarina aproximou-se dela: "Muito bem, irmã. Muito bem!", disse secamente.

Irmã Cosnard teria traído o segredo? Catarina partiu de modo brusco e voltou a Reuilly sem dela se despedir. Irmã Cosnard ficou desgostosa com isso. Teria Catarina pensado que ela fizera algo errado? Estaria zangada? Que triste fim para tão belo relacionamento!

Essas são nossas pérolas!

Fez bem a Catarina a estada na rua du Bac, de onde ela voltou como que regenerada. Assim, retomou corajosamente o trabalho.

Em 24 de novembro, véspera do dia de Santa Catarina, Irmã Tranchemer, sempre ao redor de Catarina, levou-lhe algumas crianças para que a cumprimentassem pelo onomástico. Catarina estava ajoelhada diante da fonte do pátio. Lavava sozinha as "cadeiras" dos idosos; entenda-se, as cadeiras com furo no assento para as necessidades noturnas, usadas numa época em que não havia vasos sanitários nos andares superiores. Não era propriamente uma atividade convidativa. As crianças tamparam o nariz, e ela sorriu diante daquele desconforto.

– Isso é ser Filha da Caridade, crianças. Essas são nossas pérolas!

Catarina lavou as mãos, tirou o avental, e ei-la já limpa.

– Agora venham para um abraço!

Isso era raro, pois Catarina "não costumava abraçar as crianças, mas abaixava-se e fazia-lhes uma leve carícia", comentou Irmã Tranchemer. Mas em dia de festa, segundo a boa tradição camponesa, abraçava-se.

– Sejam bondosos, obedientes, que a Virgem Santa gostará disso. Rogarei a ela por vocês – disse ela, antes de retomar o trabalho.

Em 30 de novembro, morria Auguste, o irmão mais novo, deficiente, de quem Catarina cuidara durante a juventude. Ele permanecera deficiente por toda a vida e sempre estivera aos cuidados dos outros. Em 1º de setembro de 1867, um dos irmãos o internara na Cartuxa de Dijon, no asilo regional, a caminho de Plombières. Uma pneumonia o levou. Catarina não o revia há muito tempo. O caçula da família tinha 67 anos.

Última festa da Imaculada

Em 8 de dezembro, Irmã Dufès deu-lhe a alegria de levá-la à casa-mãe para a festa da Imaculada Conceição. Foi uma felicidade dupla, pois Irmã Cosnard se atormentava depois daquela retirada brusca:

> Ela estava um pouco zangada comigo, convencida de que tinha sido eu a causa daquela exclamação das noviças. Nós nos abraçamos em sinal de reconciliação, sem nos explicarmos de outro modo.

Ao subir no carro, para a volta (julgaram-na demasiado corajosa), Catarina caiu e deslocou o pulso. Não disse palavra alguma, e ninguém se deu conta do acontecido. Ela mesma enrolou num lenço o braço machucado.

– O que houve, Irmã Catarina? – perguntou Irmã Dufès.

Ela mostrou o punho enfaixado do outro braço e respondeu alegremente:

– Ah, irmã, estou levando meu buquê. Todos os anos a Virgem Santa o manda deste modo!

Catarina tomava como dádiva alegrias e infortúnios. Irmã Charvier não ficou menos chocada.

– Ela lhe faz cada uma, a Virgem Santa!

Catarina respondeu com muita calma:

– Quando a Virgem Santa nos manda um sofrimento, é uma graça que recebemos!

Sim, tudo era graça para Catarina.

A chegada do inverno

Esse acidente acentuou o declínio de Catarina. O punho não ficava bom. Ela precisava deitar-se com frequência, mas levanta-se quando conseguia; mais cansada do que sem ânimo, mais corajosa do que em desfalecimento. Seu estado exigia apenas pequenos cuidados.

O que você quiser

Catarina se alimentava cada vez menos; de manhã não conseguia comer nada. Quando lhe perguntavam o que ela queria, a resposta era: "O que você quiser".

Se insistissem, concluía invariavelmente: "Ovos cozidos".

Amenidade

Certo dia, porém, o refrão mudou. Catarina se sentiu fraca. Não tinha comido nos dias anteriores. A vontade de recuperar as forças lhe deu a ideia de pedir: "Uma maçã cozida".

Seria um desejo? Uma fome súbita de moribunda? O esforço de reação da parte de um organismo esgotado? Esse pedido chocou Irmã Tanguy.

Como uma irmã de quem se dizia ter ela visto a Virgem Santa se permitia desejar tal amenidade?

Padre Chinchon, o antigo confessor, que lá estava, defendeu Catarina: "Eu poderia lhe citar um santo canonizado [cujo nome foi esquecido pela testemunha] que pediu morangos no leito de morte" (Irmã Quantel, CLM 2, p. 310, n. 979).

Catarina continuou sem conseguir comer pela manhã, mas à noite tomava "um caldo, um copo de leite, uma tisana ou chegava a comer uvas-passas".

Esses pequenos detalhes logo seriam minuciosamente examinados, com suspeita, em seu processo de canonização. O advogado do diabo se perguntava seriamente se a gula não teria sido o demônio daquela época. Esse era o ponto de vista de Padre Hamard, lazarista, cujo espírito crítico e irônico gostava de demolir os fervores que lhe pareciam excessivos.

"Catarina era uma boa irmã", dizia ele às outras irmãs de Reuilly, "mas se entregou, quando esteve doente, a alguns apelos dos sentidos". Irmã Lenormand julgar-se-ia obrigada a relatar essa crítica no processo de canonização. Será que a santidade excluiria desejos naturais e inocentes ou a simplicidade do coração?

A *enfermeira negligente*

Se em seus últimos meses de vida Catarina precisou às vezes lambiscar, foi porque sua enfermeira negligente, Irmã Maria, esquecia seu jantar quando a decana, doente, não conseguia descer. Catarina não teria se queixado nem por um império. Então ela fazia o que lhe era possível. Daí suas refeições frugais e fora do habitual, que foram vistas como supérfluas.

Quando se preocupavam com as negligências de sua enfermeira, ela simplesmente respondia com calma e simplicidade: "A Irmã [Maria] não é muito dada ao trabalho".

> Irmã Tanguy continua sendo severa. Ela lhe fez críticas bastante vivas quanto a ela ter deixado de tomar medicamentos: [... Catarina] não se justificou e guardou silêncio. Quando a irmã assistente foi embora, Irmã Catarina voltou-se para mim e me disse com muita doçura: "Eu não a tinha visto durante o dia, e veja como ela me trata ao chegar".

Ela tinha tomado os medicamentos.

Certo dia, Irmã Tranchemer a viu sem aquecimento, em pleno inverno.

– Deve estar sentindo muito frio, Irmã Catarina. Vou acender o fogo.

– Não, pode deixar, não é nada!

Sim, tudo era graça para Catarina, até mesmo as longas noites sem eletricidade.

"Em meados de dezembro", constatou Irmã Maurel, "ela não conseguia comer nada, de tal modo seu estômago estava fraco [...]. Só conseguimos fazê-la tomar um pouco de caldo lá pelas nove da manhã".

Em 18 de dezembro, Irmã Cessac, uma postulante que partia para o noviciado, apareceu para se despedir: "Estou indo para o céu", disse-lhe Catarina.

Por volta de 20 de dezembro, a enfermeira negligente, Irmã Maria Thomas, ouviu-a repetir:

– Sim, é este ano. Não vão precisar de carro fúnebre.

– Mas como vão fazer com um corpo tão grande?! – exclamou Irmã Maria.

– Vai ser assim. Vou ficar com vocês em Reuilly. Não vão precisar de fitas.

Ela se referia às fitas que pessoas amigas seguravam cerimoniosamente nos quatro cantos do carro fúnebre. Irmã Maria falou desses estranhos comentários a Irmã Dufès.

– Não conte isso a ninguém – ela respondeu.

A esposa do marechal e outras visitas

Catarina permanecia com frequência no leito, o que lhe rendia visitas das pessoas que ficavam sabendo disso, particularmente a esposa do marechal de Mac Mahon, a quem Catarina dava rosários e medalhas. No entanto, Léonie Labouré, que fora visitar a tia algumas semanas antes da morte, não foi autorizada a subir ao dormitório.

Catarina já não estava em condições de descer. A Irmã Charvier, ela confiou que sentia falta da santa comunhão.

– Por que a irmã não a pede?

– Quando me trazem o bom Deus, fico feliz – ela respondeu. – Mas prefiro fazer como todo mundo. Não quero me fazer notada.

A Irmã Cabane, que lamentava o fato de ela estar só, disse Catarina: "Pode ir. Não precisa lamentar minha situação. Tenho tudo de que preciso".

Finalmente, o confessor

Naquele final de dezembro, Padre Chinchon, o confessor que lhe haviam recusado no ano anterior, foi vê-la. Catarina pôde então confiar-lhe os pedidos de Nossa Senhora, ainda não atendidos, para a capela da rua du Bac.

Em 29 de dezembro, Irmã Tranchemer lhe fez uma última visita, enquanto Irmã Dufès permanecia à sua cabeceira. Estava impressionada com a serenidade de seu rosto.

Unção dos enfermos

Naquele final de dezembro, Catarina pediu a unção dos enfermos, o que parecia prematuro; sempre a tola ideia de que aquele era seu último ano!

Paradoxo

O lazarista que a confessou foi Monsenhor Hamard, aquele que a criticava com ironia. Catarina recebeu os últimos sacramentos daquele que seria seu mais perigoso advogado do diabo na fase liminar do processo de canonização, não por hostilidade, mas por modernidade crítica e gosto pelo paradoxo.

Muitas companheiras lá estavam presentes.

"Peço perdão por todos os meus erros em relação a vós", disse Catarina conforme o costume.

Ela recebeu a unção em cada um dos cinco sentidos, começando pelos olhos azuis.

"Que o Senhor lhe redima os pecados cometidos com os olhos."

Ela renovou fervorosamente seus votos.

Catarina Labouré: única foto sua tirada em vida, já perto da morte.

A *última confidência*

Em dezembro, Irmã Cosnard a visitou. Outras irmãs também estavam presentes. Ela queria uma conversa mais íntima. Como fazer? Aproximou-se do leito e murmurou: "Irmã Catarina, vai me deixar sem uma palavra sobre a Virgem Santa?".

Catarina soprou-lhe no ouvido palavras que as outras não ouviram. Tratava-se de seus grandes desejos para as duas famílias de São Vicente. Catarina estava pronta para reagir:

> Cuide para que rezem; que o bom Deus inspire os superiores a honrar Maria Imaculada. É o tesouro da comunidade. Que rezem o rosário. As vocações serão numerosas... se forem aproveitadas. Elas diminuirão se não forem fiéis à regra, à Imaculada Conceição, ao rosário. Já não somos suficientemente servas dos pobres. É preciso que as postulantes vão aos hospitais, para aprenderem a se superar.

Tantas vezes ela ensinara isso às jovens irmãs que enfrentavam essa dificuldade! Mas nesse ponto ela se interrompeu, temendo ultrapassar sua missão: "Não cabe a mim dizer, mas a Padre Chevalier (o diretor das Filhas da Caridade). Essa missão é dele!".

E acrescentou: "Educaram demais as jovens irmãs, em vez de mantê-las sempre na humildade. Que elas ouçam as mais velhas. Que aprendam a espiritualidade de São Vicente".

A Virgem Santa prometera graças sempre que rezassem na capela. Principalmente a pureza de espírito, de coração, de vontade... o puro amor.

Prece dos agonizantes

"Não tem medo de morrer?", perguntou-lhe Irmã Dufès.

Os olhos azuis de Catarina pareceram espantar-se, abrindo-se como um céu sem nuvens: "Por que temer ir ver Nosso Senhor, sua Mãe e São Vicente?".

Catarina, porém, pediu a prece dos agonizantes.

A escada que Catarina subiu à noite, em 18 de julho de 1830, conduzida pelo anjo, para ir ver a Virgem na capela.
Em 31 de dezembro, no final do ano,
um outro caminho foi percorrido para o reencontro.

CATARINA PARTE
(31 DE DEZEMBRO DE 1876)

No fim, lucidez e paz

Véspera de Ano-Novo

Era 31 de dezembro de 1876: o ano terminava e Catarina continuava viva. Irmã Dufès gracejou com a teimosa.

– Não verei o dia de amanhã – respondeu tranquilamente Catarina.

– Mas amanhã é o primeiro dia do ano! Não é o momento de nos deixar.

– Não, não verei o dia de amanhã! – repetiu Catarina sem se perturbar.

Visita do biógrafo

À tarde, Padre Chevalier, diretor das Filhas da Caridade, foi dar-lhe uma bênção. Ele concluía uma nova edição do livro sobre a medalha, há muito esgotada, cuja oitava edição fora publicada por Aladel em 1842. O biógrafo preocupava-se com a Virgem com o globo nas mãos.

– A irmã não teria sonhado?

– Não, vi bem o globo!

– Por que Padre Aladel suprimiu isso?

Catarina não teve nem encontraria resposta.

Ele pretendia publicar o livro naquele ano, mas Catarina lhe dizia alegremente: "Estarei morta quando essa nota surgir". "Ela está pronta!", ele replicara em sua visita anterior. "Eu me anteciparei à irmã. Em 1842, eu também dizia a Padre Aladel que não veríamos sua próxima edição, nem ele nem eu!"

Catarina confiou-lhe suas preocupações com a rua du Bac:

> As peregrinações que as irmãs fazem a outros lugares não lhes favorece a piedade. A Virgem Santa não disse que era preciso ir rezar tão longe. É na capela da comunidade que ela quer que as irmãs a invoquem. É lá que deve acontecer a peregrinação das irmãs.

Os primeiros alertas

Por volta das três horas, sua sobrinha Marie-Antoinette Duhamel foi visitá-la com as duas filhas pequenas, Marthe e Jeanne. Mais afortunadas que Léonie, tiveram o privilégio de subir ao dormitório para ver Catarina. Sua respiração estava difícil, "o suor brotava-lhe na testa", mas o coração despertou para recebê-las. Sentou-se no leito alto, pernas pendentes, touca mal ajustada. Como tivesse presentes de Ano-Novo para as meninas, mandou uma irmã buscá-los no armário: eram balas, chocolate... e um punhado de medalhas para a mãe. A recomendação era que a visita fosse curta, para não cansá-la.

– Voltarei amanhã para desejar feliz Ano-Novo – disse Marie-
-Antoinette, levantando-se.

– Se voltar, você me verá, mas eu não a verei, porque já terei
partido – respondeu sentenciosamente Catarina.

Mal partira a sobrinha, a cabeça de Catarina caiu sobre o tra-
vesseiro. Os presentes que ela preparava para as irmãs, pequenos
pacotes de medalhas, caíram de suas mãos e se espalharam pelo
leito. A enfermeira alertou Irmã Dufès, a comunidade acorreu
ao dormitório e pôs-se a rezar. Mas Catarina voltou a abrir os
olhos. Falso alerta!

– Minha boa Irmã Catarina! É 31 de dezembro. Acha que é
dia para nos dar tamanho susto? – disse-lhe Irmã Dufès.

– Mas, irmã, eu não queria que se incomodassem. Ainda
não acabou.

Levaram-lhe, porém, o viático. Uma das irmãs lhe perguntou:

– Vai me recomendar no céu?

– Não sei como são as coisas lá em cima! – Catarina respondeu com realismo.

Tanto na vida quanto na morte, não se deve prometer o que
não se pode cumprir. "Veria ela o céu como uma corte majestosa,
difícil de compreender?", perguntou a si mesma Irmã Dufès.

– Ora, Irmã Catarina! No céu não é preciso formar frases.
Confiam-se as intenções ao bom Deus só com o olhar.

– Vou rezar para isso.

Irmã Dufès foi chamada ao locutório:

– Vieram umas jovens lhe desejar feliz Ano-Novo.

Ela hesitou. Catarina, porém, lhe disse:

– A irmã tem tempo. Pode ir. Mandarei avisar.

Lá pelas cinco da tarde, Irmã Dufès mandou Irmã Clavel à
cabeceira de Catarina:

– Não creio que ela esteja tão perto do fim, mas, se a vir
esmorecendo, venha me avisar.

Às seis horas, Irmã Thomas (uma outra irmã) teve a súbita impressão de que Catarina partia. Desceu então para procurar Irmã Dufès. Mas foi novamente um falso alerta. A superiora podia ir jantar.

A partida

Uma irmã chegou com medalhas. Catarina tinha retomado a preparação de pequenos pacotes para a comunidade. Não tendo um número suficiente delas, pedira mais.

– Irmã Catarina, aqui estão as medalhas!

Dessa vez, ela não respondeu. Irmã Tranchemer colocou em suas mãos as medalhas, que se espalharam pelo lençol.

Eram seis e meia. Dessa vez ela partia.

Irmã Dufès largou a refeição e subiu às pressas.

Soaram o sino. Não era esse o costume para a agonia, mas tratava-se de Catarina. A comunidade acorreu. Ela previra a liturgia de sua morte: sessenta e três crianças recitariam cada uma das invocações das ladainhas da Virgem. Irmã Dufès dera de ombros:

– Não há sessenta e três invocações nas ladainhas da Virgem Santa!

– Há, sim – protestara Catarina. – No ofício da Imaculada Conceição... em nosso livro de preces.

Tinham ido ver as ladainhas da Imaculada no formulário que comportava trinta e sete invocações. Mas Catarina não dissera "ladainhas", mas "Ofício". E, de fato, o pequeno Ofício publicado no mesmo formulário continha justamente sessenta e três títulos de Maria: de "Rainha do Mundo" (*Domina Mundi*) a "Salvação para os pobres doentes" (pp. 475-483).

Estavam encadeados no corpo do Ofício, sem alternância de "rogai por nós", o que não se prestava à recitação por crianças.

Mas as admiradoras de Catarina não se deixariam deter por causa disso e colocaram as sessenta e três invocações em igual número de pequenos cartões...

Catarina contara bem, tanto no tocante às ladainhas quanto à sua contabilidade de administradora de fazenda; certamente também fizera a associação com os sessenta e três anos tradicionalmente atribuídos a Nossa Senhora: quinze anos antes e quinze depois dos trinta e três de Cristo.

Os pequenos cartões estavam ali, mas as órfãs encontravam-se dispersas pelas famílias que as recebiam por ocasião do Ano-Novo. Só seria possível encontrar umas duas ou três, que ainda não sabiam ler. Mas ao menos essas crianças estariam presentes, como testemunhas, na prece.

As irmãs recitaram as ladainhas. Catarina pedira que insistissem na invocação "Terror dos demônios", a décima oitava. Repetiram-na três vezes.

Catarina parecia juntar-se a elas, mas não se ouvia sua voz.

– Quer então nos deixar... – disse-lhe Irmã Dufès em tom terno e doce.

Ela não respondeu, "silenciosa na hora da morte assim como o fora durante a vida". As irmãs passaram a dizer as preces dos agonizantes já recitadas no dia anterior. E a invocação da medalha: "Ó Maria concebida sem pecado".

Docemente, Catarina expirou, apagou sem agonia. "Em seu rosto, nenhum dos sinais que se observa na face dos que morrem." Irmã Cantel admirou-se. Ela "nunca tinha visto isso".

Catarina assumiu doce e duplamente sua morte: como camponesa, acostumada a esposar os ritmos da vida; como cristã, feliz por ir juntar-se, segundo suas últimas palavras, a "Nosso Senhor, sua Mãe e São Vicente".

Ela tinha partido. Fecharam-lhe os olhos. Eram sete horas. Essa morte, Catarina a vislumbrara trinta e três anos antes, durante o retiro de maio de 1843, à luz dos pobres e da Virgem Santa. Ela escrevera então:

> Maria amou os pobres, e uma Filha da Caridade que ama os pobres não terá medo nenhum da morte. Nunca se ouviu falar que uma Filha da Caridade que amou os pobres tivesse se sentido aterrorizada diante da morte. Ao contrário [...] viram-na ter a morte mais doce (nota de retiro, *cahier des autographes*, pp. 76-78).

Foi assim que a viram viver; e assim que a viram morrer na noite de 31 de dezembro de 1876.

EPÍLOGO:
A LUZ E A TUMBA

"Sim, foi ela quem viu a Virgem Santa!"

A conspiração do silêncio perdeu sua razão de ser, e a notícia tem asas. Irmã Dufès lê às irmãs o relato que Catarina escreveu para ela em 30 de outubro, depois da confidência. É a leitura espiritual da noite para a comunidade.

Velam-na, fotografam-na, com a touca de noviça, depois com a touca de asas.

Na manhã de 1º de janeiro, o rumor atrai um longo desfile.

"A multidão parece brotar da terra", espanta-se Marie--Antoinette Duhamel.

É preciso organizar a fila.

As pequenas Duhamel ajudam.

"Catarina atrai as pessoas como uma santa", diz a pequena Marthe.

"Quando morre uma de nossas irmãs, a tristeza nos invade", testemunha Irmã Angélique. "Mas, por ocasião da morte de Irmã Catarina, ninguém vai chorar, e não sentimos tristeza."

Fotos mortuárias tiradas em 1º de janeiro.
Com a touca de noviça...

... e com a touca de religiosa. Últimas imagens de Catarina.

É antes uma explosão de alegria que se espalha com a notícia. Catarina, que era alegre (segundo as anotações de suas superioras), soube fazer emergir esse sentimento ao seu redor até mesmo em sua morte.

Ela parecia dormir. Seus braços não estavam rígidos.

"Será que ela morreu mesmo?", chegou a dizer Marie-Antoinette Duhamel.

A cripta fica sob a capela

Ninguém se conforma em abandoná-la. É preciso manter seu corpo em Reuilly. Apressam-se em pedir autorização à casa-mãe, à polícia.

– Isso vai além das minhas atribuições – respondeu o delegado. – Mas parece que as irmãs têm amigos no palácio de l'Élysée...

As irmãs acorrem ao palácio presidencial. A esposa do marechal de Mac Mahon manda um telegrama. Uma autorização temporária é concedida naquela mesma noite.

Mas onde colocá-la?

"Foi no final daquela noite, ao toque do sino das quatro da manhã", relata Irmã Dufès, "que julguei ouvir soar em meus ouvidos as seguintes palavras: 'A cripta fica sob a capela de Reuilly'."

Aquela câmara inútil, que o arquiteto quisera preencher, ao que Madre Mazin se opusera, parecia oferecer-se como sepultura. Foi assim que o enterro aconteceu sem carro fúnebre, nem fitas, conforme a previsão de Catarina. O caixão, porém, foi seguido por um imenso cortejo popular: atrás de duzentas e cinquenta irmãs, numerosos Lazaristas, além de outros padres e jovens operários do subúrbio, de medalha na lapela presa com fita azul... vinha uma enorme multidão; e por certo a esposa do marechal de Mac Mahon.

Do asilo de Enghien até a casa das irmãs de Reuilly, através do jardim que fora o reino de Catarina, cantaram com crescente fervor o *Magnificat* e *Ó Maria concebida sem pecado*. Os idosos, na frente do cortejo, choravam, assim como a sobrinha Louise Labouré. Admiraram-se do pranto, consolaram-na: "Não deve chorar. É uma santa. Ela viu a Santa Virgem!".

Pio XII a canonizou em 27 de julho de 1937.

SUMÁRIO

A infância de uma órfã (1806-1818)...... 3

A vocação de uma "fazendeira"...... 7

A ida para o noviciado
(21 de abril de 1830 - 30 de janeiro de 1831)...... 19

Primeiros passos no asilo de Enghien...... 39

A estação dos frutos...... 49

A Guerra e a Comuna (julho de 1870 - junho de 1871)...... 67

Declínio ou os últimos anos (1871-1876)...... 85

Catarina parte (31 de dezembro de 1876)......117

Epílogo: a luz e a tumba...... 123

Rua Dona Inácia Uchoa, 62
04110-020 – São Paulo – SP (Brasil)
Tel.: (11) 2125-3500
http://www.paulinas.com.br – editora@paulinas.com.br
Telemarketing e SAC: 0800-7010081